Е. И. НИКИТИНА

Русская речь

РАЗВИТИЕ РЕЧИ

класс

Учебник
для общеобразовательных
учреждений

Рекомендовано
Министерством образования
Российской Федерации

10-е издание, стереотипное

ДРОФА

Москва · 2001

UDK 373.167.1:808
BBK 81.2Rus-5
H62

За создание учебно-методических пособий по развитию речи для 5—9 классов профессору Е. И. Никитиной присуждена Премия Правительства Российской Федерации в области образования за 1998 год

Р е ц е н з е н т ы :

Е. В. Архипова, доктор педагогических наук, профессор Рязанского государственного педагогического университета;
Р. Я. Вишнякова, зав. УМК языков и литературы Рязанского областного института развития образования;
Т. С. Грабыльникова, учитель русского языка и литературы школы № 3 г. Рязани

Художник *О. М. Войтенко*

Никитина Е. И.

H62   Русская речь: Развитие речи. 7 кл.: Учеб. для общеобразоват. учреждений. — 10-е изд., стереотип. — М.: Дрофа, 2001. — 160 с.: ил., 8 л. цв. вкл.

ISBN 5—7107—4385—2

Книга по развитию речи является неотъемлемой частью учебного комплекса по русскому языку для 5—9 классов, хорошо зарекомендовавшего себя в школе и известного учителям и учащимся. Учебник «Русская речь» выполняет особую роль в составе комплекса. Его задача — помочь ученику в овладении устной и письменной речью. Он учит вести беседу; составлять планы к творческим работам; писать изложения и сочинения на свободную и заданную тему, по картине, отзывы и рецензии; уметь видеть образные средства языка и использовать их в своей речи. Книга содержит разнообразный и интересный дидактический материал.

8-е издание было существенно доработано и дополнено.

Учебник рекомендован Министерством образования Российской Федерации и включён в Федеральный перечень.

UDK 373.167.1:808
BBK 81.2Rus-5

ISBN 5—7107—4385—2   © ООО «Дрофа», 1999

ОБ УЧЕБНИКЕ «РУССКАЯ РЕЧЬ».

Дорогие семиклассники!

Перед вами — учебник по развитию речи.

А что значит развивать речь? Это значит учиться хорошо **говорить, слушать, писать** (создавать текст в письменном виде) и **читать**. Почему?

Потому что речь — процесс двусторонний: один участник такого процесса создаёт высказывание в устной или письменной форме (например, рассказывает о новом фильме или пишет отзыв о нём для газеты), другой это высказывание воспринимает (слушает рассказ о новом фильме или читает отзыв о нём).

В работе по развитию речи вам и поможет книга «Русская речь».

Если в предыдущие годы вы уже учились по ней, то расскажите новичку о том, как эта книга построена и как по ней работать. Если же «Русскую речь» вы держите в руках впервые, то познакомьтесь с ней, внимательно читая изложенные далее пояснения.

В учебнике «Русская речь» крупным жирным шрифтом набраны названия основных разделов, общих для 5, 6, 7 классов: **речь, текст, стили речи, типы речи**. Более мелким шрифтом даны темы и подтемы. В каждом классе они разные и разделены на параграфы.

Прочитав название параграфа, остановитесь: подумайте, о чём в нём пойдёт речь; вспомните, что вы по этой теме уже знаете. Потом не забудьте проверить, правильны ли были ваши предположения.

Почти в каждом параграфе вы встретите вот такой рисунок:

Им отмечены **теоретические сведения**. Их не надо заучивать, как правила в учебнике русского языка. Способ работы здесь другой: не спеша, вдумчиво читайте текст, обращая особое внимание на наиболее важные слова — они выделены в тексте. Кроме того, есть и сведения, которые дополняют, расширяют знания о каком-либо лингвистическом понятии. Они обозначены таким значком:

Если при чтении вам встретилось что-то непонятное, остановитесь, повторите ранее изученное. Найти любой материал в этой книге вам помогут **указатель** (см. с. 155) и **оглавление** (см. с. 157).

Кроме теоретических сведений, учебник содержит пронумерованные задания и упражнения. Выполняя их, вы научитесь видеть основные особенности текста, пересказывать его (устно и письменно), подробно, сжато и выборочно; писать сочинения; готовиться к устным высказываниям. Справиться с наиболее сложными упражнениями вам помогут **памятки** (см. с. 145—150).

Некоторые задания сопровождаются рисунком

Это значит: к ним даны ответы. Но возьмите себе за правило: **пока не сделаю всего, что требуется в задании, ответа не читаю.**

В учебнике есть упражнения, рядом с номером которых стоит вот такой рисунок-буква:

в

Это надо понимать так: из двух, трёх, четырёх подряд идущих упражнений достаточно выполнить одно, любое на выбор.

Почти в каждом упражнении есть и **дополнительные задания**, отмеченные значком-снежинкой:

✳

Хорошая речь не только правильная, но и образная. «Первый шаг к пониманию того, как создаётся образность речи, связан со сравнением». (*Г. Граник.*) Сравнение лежит в основе других образных средств языка, например метафор, эпитетов. Работать над образными средствами языка надо непрерывно. Поэтому сведения о них и упражнения не «собраны» в каком-либо одном параграфе, а «рассыпаны» по всей книге и обозначены специальным рисунком-буквой:

ф

Образные средства языка по-другому называют **фигурами речи.**

В занятиях по развитию речи большую помощь вам окажут словари. Обращаться к ним должно стать вашей привычкой.

Учиться говорить и писать, по словам академика Д. С. Лихачёва, нужно всегда.

Поэтому ещё **три совета:**

1. Больше читайте!

«Читайте не торопясь... запоминая, обдумывая, представляя себя в гуще тех событий и той обстановки, какими наполнена книга, делая себя как бы их непосредственным свидетелем и даже участником». (*К. Паустовский.*)

2. Слушайте и смотрите радио- и телепередачи. Особенно внимательно те, в которых даётся обзор событий, а также рассказывается о культуре речи, о правильности употребления и произношения слов.

3. Заведите записные книжки, «учитесь записывать звуки, движения, краски, запахи, слова, выражения». (*М. Рыбникова.*)

В добрый путь, дорогие друзья! Интересной, творческой вам работы! Ученья с увлеченьем!

Природа всё учла и взвесила —
Не нарушайте равновесия!

В. Шефнер

Берегите Землю!
Берегите...

М. Дудин

ТЕКСТ.

§ 1. Что такое текст.

1. 1. Прочитав заглавие параграфа, остановитесь, вспомните, что вы по этому вопросу уже знаете.
2. Прочитайте стихотворение.

ЭТО ИМЯ...

Только вдумайся, вслушайся
В имя «Россия»!
В нём и росы, и синь,
И сиянье, и сила.
Я бы только одно у судьбы попросила —
Чтобы снова враги не пошли на Россию...

(*Ю. Друнина.*)

✹ Проследите, как связаны по смыслу и структурно (по строению) заглавие и все предложения в этом тексте.

📖 Вспомним: словом *текст* мы называем и действительно текст, обладающий всеми его признаками, то есть целый текст, и отрывки из текста. Дело в том, что слово *текст* — многозначное. Повторим его первое значение — **целый текст.**

2. I. 1. Вспомните, что вы знаете о Ю. И. Ковале. Какие книги этого писателя читали?

2. Прочитайте рассказ «Бабочка». Определите его тему, основную мысль и стиль.

БАБОЧКА.

Рядом с нашим домом лежит старое, трухлявое бревно.

После обеда вышел я посидеть на бревне, а на нём — бабочка.

Я остановился в стороне, а бабочка вдруг перелетела на край — дескать, присаживайся, на нас-то двоих места хватит.

Я осторожно присел с нею рядом.

Бабочка взмахнула крыльями и снова распластала их, прижимаясь к бревну, нагретому солнцем.

— Тут неплохо, — ответил я ей, — тепло.

Бабочка помахала одним крылом, потом другим, потом и двумя сразу.

— Вдвоём веселей, — согласился я.

Говорить было вроде больше не о чем.

Был тёплый осенний день. Я глядел на лес, в котором летали между сосен чужие бабочки, а моя глядела в небо своими огромными глазами, нарисованными на крыльях.

Так мы и сидели до самого заката.

(Ю. Коваль.)

II. Внимательно рассмотрите и прочитайте таблицу, в которой указаны признаки текста (левая колонка) и эти признаки в рассказе «Бабочка» (правая колонка).

Признаки текста	Рассказ «Бабочка» — пример текста
Текст — единица речи. Он не существует в готовом виде, как, например, слово в языке. Текст всегда кто-то создаёт. У текста есть автор (или авторы)	Автор рассказа «Бабочка» — известный детский писатель Юрий Иосифович Коваль (1938—1995), добрый, мудрый человек, обладавший тонким чувством юмора. В молодости был сельским учителем, учил уму-разуму деревенских ребятишек. Для них, собственно, он и начал писать
Текст имеет **заглавие.** Заглавие текста зависит от содержания его, а содержание обусловливается **темой** (о ч ё м этот текст?) и **основной мыслью, идеей** (в ч ё м он нас убеждает?)	Наш текст **озаглавлен** «Бабочка». Его **тема** необычна: общение рассказчика, человека с бабочкой. Почему это возможно? Потому что человек и окружающая его природа — единое целое. В гармоническом единстве человека и всего живого вокруг и убеждает читателя рассказ «Бабочка». В этом его **основная мысль, его идея**
Тема и основная мысль текста раскрываются постепенно. Поэтому текст можно **разделить** на смысловые части. **Первая часть — начало —** то, без чего текст был бы невозможен	**Начало** рассказа «Бабочка» — два первых предложения: если бы рядом с домом рассказчика не лежало старое бревно и рассказчик не вышел бы после обеда посидеть на нём, то никакого общения его с бабочкой не было бы, то есть не было бы темы рассказа и, следовательно, самого рассказа

Признаки текста	Рассказ «Бабочка» — пример текста
Вторая часть текста **основная.** Она в свою очередь может делиться на более мелкие смысловые части	**Основная часть** рассказа «Бабочка» делится на 3 части: 1. Гостеприимное приглашение. 2. Беседа. 3. Любование природой
Последняя смысловая часть текста — **конец** его. Все части текста **связаны по смыслу** (они раскрывают общую тему и идею) и **структурно:** конец текста обычно возвращает нас к заглавию или началу его, благодаря чему текст получает **композиционную завершённость,** то есть в нём всё есть, никакого дополнения, продолжения не нужно	**Конец** рассказа — последнее предложение: *Так мы и сидели до самого заката.* В нём слово *так* вбирает в себя все предыдущие части и таким образом структурно оформляет их идейно-тематическую связность (ведь все части раскрывают одну общую тему и идею). Местоимение *мы* в данном случае значит *рассказчик* и *бабочка* и возвращает нас к заглавию текста — «Бабочка», благодаря чему он получает **композиционную завершённость**
Для текста характерно также **единство стиля**	Стиль рассказа «Бабочка» — художественный

✱ Сделайте вывод из своих наблюдений: по каким признакам узнаём текст?

 Признаки текста — заглавие, тема, идея; делимость на смысловые части, начало, основная часть, конец; смысловая и структурная связность всех частей, композиционная завершённость, стилистическое единство.

11

3. Прочитайте миниатюру. Расскажите о ней, как об одном из примеров текста.

ЦВЕТЁТ ВЕРБА.

Когда зацветает верба — появляется у нас вербное настроение. Оно какое-то свежее, радостное, пушистое.

Зацветает верба, и начинаешь чего-то ждать. Всё ведь не так уж плохо, раз верба опять зацвела.

Я всегда хотел иметь собственную вербу и сажал её не раз. Да то ли не там сажал, то ли не так ухаживал — своей вербы у меня до сих пор не получилось.

Наверное, это правильно. Не может каждый человек иметь собственную вербу. Главное, чтоб было вербное настроение — свежее, пушистое.

(Ю. Коваль.)

4. Можно ли не заметить, какие необычные, «свежие» эпитеты к слову *настроение* нашёл Юрий Коваль? Так и хочется их повторять: *вербное — свежее, радостное, пушистое.*
А ещё каким бывает настроение? Какое оно у вас сейчас или сегодня? Каким было вчера или в какой-то памятный для вас день?

Напишите миниатюру на тему «... настроение». На месте точек поставьте выбранный или — лучше! — найденный вами эпитет. В «Словаре эпитетов русского литературного языка» к слову *настроение* 119 эпитетов!

Слова для выбора: игривое, лирическое, мажорное, мечтательное, праздничное, превосходное, радужное, смешливое, торжественное, тревожное, ясное.

5. Прочитайте отрывок из статьи «Памятники литературным героям». Озаглавьте его словами автора.

Маленький американский городок Ганнибал — родина Марка Твена. Поэтому здесь в 1926 году был установлен чугунный памятник юным героям его книги — Тому Сойеру и Геку Финну.

Отчаянные, босоногие мальчишки, в рваных штанах, с большими палками в руках, отважно шагают вдоль Миссисипи, оживлённо о чём-то разговаривая. К палке Гека привязана за хвост дохлая кошка. Видимо, друзья задумали какой-то новый пиратский налёт.

Писатели Илья Ильф и Евгений Петров, путешествуя в 1932 году по Америке, с интересом осмотрели этот памятник и назвали его одним из редких в мире.

(А. Рубинштейн.)

✱ 1. Как вы думаете, в чём особенность заглавия этого отрывка?
2. Можно ли, озаглавив данный отрывок, считать его текстом? Почему?

◣ **Один из признаков текста — заглавие или возможность его.**

Отрывок из статьи или художественного произведения может быть текстом, если он автономен, то есть понятен без каких-либо дополнительных пояснений, и обладает всеми признаками текста.

⚷ **6.** Восстановите разрушенный текст. Что для этого нужно сделать?

Свалился в лужу почтальон,
Сам с головы до ног промок,

А письма от воды сберёг.
Хороший парень почтальон.
И вот свалился в лужу он.
Но сумку вовремя поднял
И над водою удержал.
Не стар был этот почтальон,
И не был болен почтальон,
Жаль, что свалился в лужу он.

7. В «Пионерской правде» был напечатан рассказ Юли М. Ниже приводится только часть его. Нельзя ли по ней догадаться о других частях текста? Ваш вариант?
Запишите недостающие части, чтобы получился целый текст.

Забавные случаи бывают. Саше выпало... признаться в любви старенькой гардеробщице. Он подошёл к ничего не подозревающей женщине и выпалил: «Извините, пожалуйста, я вас люблю!» Гардеробщица удивилась, опустилась на стул и тихо спросила: «Ты не заболел, милок?»

8. Прочитайте стихотворение.

УТРО.

Звёзды меркнут и гаснут. В огне облака.
    Белый пар по лугам расстилается.
По зеркальной воде, по кудрям лозняка
    От зари алый свет разливается.
Дремлет чуткий камыш. Тишь — безлюдье вокруг.
    Чуть приметна тропинка росистая.
Куст заденешь плечом, — на лицо тебе вдруг
    С листьев брызнет роса серебристая.
Потянул ветерок, — воду морщит-рябит.
    Пронеслись утки с шумом и скрылися.
Далеко, далеко колокольчик звенит.
    Рыбаки в шалаше пробудилися,
Сняли сети с шестов, вёсла к лодкам несут...
    А восток всё горит-разгорается.
Птички солнышка ждут, птички песни поют,
    И стоит себе лес, улыбается.

Вот и солнце встаёт, из-за пашни блестит;
    За морями ночлег свой покинуло,
На поля, на луга, на макушки ракит
    Золотыми потоками хлынуло.
Едет пахарь с сохой, едет — песню поёт,
    По плечу молодцу всё тяжёлое...
Не боли ты, душа! отдохни от забот!
    Здравствуй, солнце да утро весёлое!

                              (*И. Никитин.*)

✱ 1. Если бы это стихотворение не имело заглавия, могли бы вы рассказать о том, какое время суток в нём изображено? Почему?

2. Какая картина видится вам за словами *В огне облака*? Проследите, как тема этой картины развивается дальше.

3. Что вы мысленно слышите, читая первые восемь строк стихотворения? Выпишите из текста стихотворения слова, подтверждающие ваш ответ.

4. Что потом как бы нарушает тишину раннего летнего утра?

ф 5. Найдите олицетворения, которые помогают нам ярче представить нарисованные поэтом картины.

6. Укажите эпитеты. Постарайтесь объяснить обусловленность хотя бы некоторых из них контекстом. Почему, например, вода — *зеркальная* и т. д.

7. Подготовьте выразительное чтение стихотворения (см. памятку 1, с. 145).

КОГДА ЗАГЛАВИЕ НУЛЕВОЕ.

Некоторые лирические стихотворения не имеют заглавия; его отсутствие обозначается знаком *** (тремя звёздочками). Учёные в таком случае говорят: нулевое заглавие.

Если заглавия нет, стихотворение называется по первой строке, причём по всей первой строке, а не по части её. Произносить эту строку нужно с понижением голоса, с интонацией законченности, в отличие от интонации незавершённости при выразительном чтении первой строфы.

Когда у стихотворения нет названия, то читателю приходится проделывать особенно интенсивную умственную работу: автор как бы предлагает ему самому восполнить отсутствующее заглавие. А сделать это подчас непросто:

в стихотворении несколько смыслов, они открываются читателю не сразу, а постепенно. Для этого надо перечитывать каждую строфу и каждую строчку неоднократно, ставить перед собой вопросы и искать на них ответы. Это — очень полезное и увлекательное занятие!

9. 1. Запишите примеры стихотворений с нулевым заглавием и прочитайте первую строку в них (как заглавие).

2. Одно из стихотворений М. Ю. Лермонтова в разных книгах печатается под тремя разными заглавиями: *Сосна; На севере диком; На севере диком стоит одиноко.* Как вы думаете, какому из этих заглавий следует отдать предпочтение? Почему?

3. Не встречались ли и вам примеры разных вариантов заглавия одного и того же стихотворения? Расскажите об этом, назовите их.

10. Подготовьте выразительное чтение стихотворения (см. памятку 1, с. 145).

Как дымкой даль полей закрыв на полчаса,
Прошёл внезапный дождь косыми полосами —
И снова глубоко синеют небеса
    Над освежёнными лесами.

Тепло и влажный блеск. Запахли мёдом ржи,
На солнце бархатом пшеницы отливают,
И в зелени ветвей, в берёзах у межи,
    Беспечно иволги болтают.

И весел звучный лес, и ветер меж берёз
Уж веет ласково, а белые берёзы
Роняют тихий дождь своих алмазных слёз
    И улыбаются сквозь слёзы.

(И. Бунин.)

1. Назовите заглавие у этого стихотворения. Как вы думаете, можно ли было его озаглавить, например, так: «После дождя»? Почему поэт отдал предпочтение нулевому заглавию?

2. Укажите, какой метафорой заканчивается стихотворение. Понаблюдайте, как она подготовлена всем предыдущим его содержанием, на каких (скрытых) сравнениях построена.

16

11. Напишите миниатюру. Её общую тему — «После дождя» — конкретизируйте словами поэта (см. текст упр. 10).

Итак, первое значение слова *текст* мы уяснили. Во втором значении оно употребляется в учебниках.

Текст — это любой дидактический материал (отдельные предложения, отрывок из текста, целый текст), который даётся для выполнения заданий. В таком случае говорят: *текст упражнения*, например, *55*.

Очень полезно, прочитав отрывок из текста, определить, каких признаков целого текста (то есть текста в первом значении) в нём недостаёт, и, если возможно, восполнить их, например озаглавить текст.

12. I. Есть слова *текст, текстиль, текстильщик*. Как вы думаете, созвучие их случайно или закономерно, объяснимо? Какие словари помогут вам ответить на этот вопрос? Обратитесь к ним.

II. Вы прочитали несколько текстов, прозаических и стихотворных. Теперь постарайтесь сочинить свой текст.

13. Подготовьтесь писать сочинение по картине.

I. Прочитайте сведения о художнике К. С. Петрове-Водкине (см. с. 142).

II. Рассмотрите на вклейке репродукцию его картины «Утренний натюрморт».

III. Воспользуйтесь памяткой 5 (см. с. 147).

IV. Подумайте над вопросами.

1. Если бы в названии полотна не было слова *утренний*, поняли бы мы, что перед нами — «утренняя» картина?

2. Каким настроением проникнута картина художника?

3. Какие детали картины создают у нас ощущение незримого присутствия в ней человека?

V. Работая над сочинением, вы создаёте текст.
Контролируйте себя: всеми ли признаками текста (см. с. 11) обладает ваше сочинение?
При необходимости внесите в него соответствующие исправления.

14. I. Прочитайте предложение. Укажите в нём сравнение. Вспомните, как называется такой способ выражения сравнений.

Ни одной птицы не было слышно: все притаились и замолкли, лишь изредка звенел стальным колокольчиком насмешливый голос синицы.

(И. Тургенев.)

 Составьте и запишите 2—3 предложения, используя в них творительный сравнения.

II. Используя приводимые ниже или самостоятельно подобранные примеры, докажите, что основа метафор, олицетворений, эпитетов — сравнение.

1) Прислушиваюсь... Спит село сторожко.
   В реке мурлычет кошкою вода.

(Н. Рубцов.)

2) В плаще багряном к нам явилась осень
   С корзиной винограда на плече.

(Р. Гамзатов.)

3) Умчалась сказка птицей в синеву.

(Р. Гамзатов.)

4) Снег и снег, и ель в снегу —
   В белых пачках — балериной,
   Снег зажёгся на лугу
   Ювелирною витриной.

(Н. Асеев.)

ТИПЫ РЕЧИ.

ОПИСАНИЕ.

§ 2. Описание общего вида местности.

15. Прочитайте отрывок из статьи А. Т. Твардовского; озаглавьте текст.

У большинства людей чувство родины в обширном смысле — родной страны, отчизны — дополняется ещё чувством родины малой, первоначальной, родины в смысле родных мест, отчих краёв, района, города или деревушки. Эта малая родина предстаёт человеку в детстве, в пору памятных на всю жизнь впечатлений ребяческой души, и с нею он приходит с годами к той большой Родине, что обнимает все малые и — в великом целом своём — для всех одна.

✱ 1. Закончите и запишите предложения.

1) *Моя большая Родина —* ... .
2) *Моя малая родина —* ... .

2. Вспомните и напишите синонимы к слову *Родина*.

16. Прочитайте отрывок из повести Л. Н. Толстого «Детство».

Последняя стена была занята тремя окошками. Вот какой был вид из них: прямо под окнами дорога, на которой каждая выбоина, каждый камешек, каждая колея давно знакомы и милы мне; за дорогой — стриженая липовая аллея, из-за которой кое-где виднеется плетёный частокол; через аллею виден луг, с одной стороны которого гумно, а напротив лес; далеко в лесу видна избушка сторожа.

✱ Закончите составление плана описания.

Вид из окон.

1. Дорога.
2. Аллея.
3. ...
и т. д.

17. Закончите сжатый пересказ описания (см. упр. 16).

ВИД ИЗ ОКОН.

Прямо перед окнами — дорога. За дорогой — аллея. Через аллею виден луг. ...

Описание места во многом напоминает описание помещения. Рассмотрите схему композиции описания.

Композиция описания.

I часть — **Общая характеристика предмета описания или впечатления от него**
II часть — **Признаки предмета описания**
III часть — **Общая оценка предмета описания**

П р и м е ч а н и е. III часть в некоторых описаниях может отсутствовать.

Основа описания места — перечисление предметов, характерных для данного места (см. план к тексту упр. 16).

Это перечисление может сопровождаться указанием на местоположение предметов (см. упр. 17). И наконец, предметы могут быть не только названы, но и описаны (см. упр. 16).

20

18. Прочитайте отрывок из повести А. С. Пушкина «Дубровский».
Укажите часть, в которой говорится о позиции наблюдателя; часть, в которой описывается общий вид местности.

Князь подвёл гостей к окну, и им открылся прелестный вид. Волга протекала перед окнами, по ней шли нагруженные баржи под натянутыми парусами и мелькали рыбачьи лодки, столь выразительно прозванные душегубками. За рекою тянулись холмы и поля, несколько деревень оживляли окрестность.

В описании места обычно выделяют:

а) **часть, где говорится о позиции наблюдателя;**

б) **часть, в которой** в определённой последовательности **перечисляются или описываются** характерные для данного места **предметы.**

В описании места все глаголы обычно употребляются в форме одного времени (чаще всего настоящего или прошедшего).

19. I. 1. Прочитайте отрывок из романа П. Сажина «Севастопольская хроника».

2. Укажите в нём композиционные части описания места.

3. Определите временно́й план описания.

С гостиничного балкона, с шестого этажа смотрю на город.

Сверху видны крыши, узкие тротуары, зелёные шапки деревьев, машины, люди. Очень много людей. Они все куда-то спешат.

✱ Спишите данный отрывок, изменив временно́й план описания.

II. Опишите вид, открывающийся из окна вашей комнаты, сначала предельно кратко, затем кратко.
Разверните описание (устно).

20. Подготовьте выразительное чтение стихотворения (см. памятку 1, с. 145).

КАВКАЗ.

Кавказ подо мною. Один в вышине
Стою над снегами у края стремнины;
Орёл, с отдалённой поднявшись вершины,
Парит неподвижно со мной наравне.
Отселе я вижу потоков рожденье
И первое грозных обвалов движенье.

Здесь тучи смиренно идут подо мной;
Сквозь них, низвергаясь, шумят водопады;
Под ними утёсов нагие громады;
Там ниже мох тощий, кустарник сухой;
А там уже рощи, зелёные сени,
Где птицы щебечут, где скачут олени.

А там уж и люди гнездятся в горах,
И ползают овцы по злачным стремнинам,
И пастырь нисходит к весёлым долинам,
Где мчится Арагва в тенистых брегах,
И нищий наездник таится в ущелье,
Где Терек играет в свирепом весельe;
Играет и воет, как зверь молодой,
Завидевший пищу из клетки железной;
И бьётся о берег в вражде бесполезной,
И лижет утёсы голодной волной...
Вотще! Нет ни пищи ему, ни отрады:
Теснят его грозно немые громады.

(А. Пушкин.)

✳ Объясните значения непонятных слов; проверьте себя по толковому словарю или «Школьному словарю устаревших слов...».

21. I. Прочитайте комментарии к стихотворению А. С. Пушкина «Кавказ».

1) Изображая виденное, нужно строго придерживаться перспективы, то есть нужно знать, о чём упомянуть раньше

22

(что стоит на первом плане), о чём — потом (что стоит на втором и третьем планах), что видно в естественную величину, что в уменьшенном объёме вследствие дальности расстояния.

Классический пример строгого соблюдения перспективы в описании — стихотворение А. С. Пушкина «Кавказ».

Позиция наблюдателя.

1. Орёл... «парит со мной наравне».
2. Горные снега; рождение потоков; первое движение обвалов.
3. Тучи, прорезанные водопадами.
4. Нагие утёсы.
5. Мхи и сухие кустарники.
6. Зелёные рощи; в них — птицы, олени.
7. Жилища людей.
8. Долины, на них — стада пасутся.
9. Горные реки на дне ущелий.

(*К. Бархин.*)

2) Вы сами, читая это стихотворение строку за строкой, можете ещё раз убедиться, как точно и в какой последовательности взор поэта спускается всё ниже и ниже, от снегов горной вершины к зелёным долинам Арагвы.

Все ботанические пояса встают перед вами...

Завершается стихотворение яркой картиной Терека, бушующего на самом дне узкого Дарьяльского ущелья. Река «бьётся о берег», «лижет утёсы голодной волной».

(*В. Рождественский.*)

II. Подготовьтесь писать сочинение — описание общего вида местности.

Постарайтесь найти точку обзора на каком-либо возвышенном месте (крутой берег реки, пригорок, высокое строение и т. п., по возможности, конечно), а также учтите приведённые выше комментарии к стихотворению А. С. Пушкина «Кавказ».

22. Прочитайте сочинение ученика 7 класса Бориса Б.

НА ВЕНЦЕ[1].

Уже четвёртый день мы были в полёте. Но загадочная планета Икария Альфа всё ещё далеко. Здесь, в фотонной ракете, мы нередко вспоминаем Землю. Вот и сейчас мне представился родной Ульяновск и Венец, где я люблю бывать тихим летним утром. Прекрасный вид открывается оттуда. Лесок, окутанный дымкой утреннего тумана, справа от него Крутой спуск, по которому мы ещё мальчишками бегали на рыбалку. Чуть ниже маленькие хатки с садами и огородами, среди них выделяются два трёхэтажных дома, которые на фоне этих домишек кажутся великанами. За ними идёт мост, по нему проходит железная дорога. Если смотреть с Венца на поезд, проходящий по ней, то кажется, что ползёт гигантский червяк. Дальше за насыпью строительная площадка, за которой уже начинается Волга. Без того широкая, да ещё перепруженная плотиной, она течёт со свойственным ей русским спокойствием. Особенно хороша Волга зимой, когда она со всех сторон закована в ледяной панцирь. Тогда на её льду, словно разбросанные горошины, чернеют на снегу горсточки рыбаков...

Тут ко мне подошёл академик Шевченко и взволнованным голосом сказал: «Товарищ командир! Икария Альфа близко!» Тут только я очнулся от своих воспоминаний.

Полёт продолжался.

✱ 1. Чем интересно это сочинение? Выскажите своё мнение.
2. Укажите в приведённом сочинении: а) описание общего вида местности; б) обрамление к этому описанию. Какие выводы для себя вы сделали?

✏ Сочинение типа описания общего вида местности (по личным впечатлениям или по картине) может обогатить обрамление к его основной — описательной части: воспоминание об этом уголке природы, села или города; «встреча» с ним после долгой разлуки; мечты об этой «встрече»; сло-

---

[1] *Венец* — название набережной Волги в г. Ульяновске.

24

весные зарисовки в дневнике, в письме к другу, которого вы приглашаете побывать в вашем селе или городе... и т. д.

23. I. Сравните темы сочинений. Что между ними общего? А в чём их различие?

1. Улица моего детства.

2. Любимый уголок родной природы.

3. Вид из окна.

4. Панорама родного города (села, деревни, нашей реки).

II. Подготовьтесь писать сочинение на тему «Любимый уголок природы». Используйте памятку 5 (см. с. 147).
При подготовке к сочинению учтите советы.

1. Выберите место, которое будете описывать. Оно должно быть не только хорошо известно вам, но и чем-то особенно памятно, дорого.

2. Продумайте, кого, в чём и как вы будете убеждать содержанием своей работы.

3. Перед сочинением постарайтесь побывать на том месте, которое вы решили описать. Выберите точку обзора, наметьте последовательность описания.

III. Составьте сначала план или предельно краткое описание избранного вами места, а затем разверните, распространите его. Припомните, понаблюдайте, в какое время года, суток любимый вами уголок природы особенно красив. Напишите об этом.

IV. Обратите внимание на правописание опорных слов, обозначающих местоположение предметов.

Вблизи, поблизости, недалеко, неподалёку, вдали, поодаль, вдалеке; напротив, посреди, посредине и др.

Запишите эти слова.
Имейте в виду, что в роли опорных слов могут употребляться и словосочетания такого типа.

С одной стороны, с другой стороны; в нескольких шагах от, в нескольких метрах от, чуть поодаль и т. д.

V. Укажите, что общего в значении глаголов *простираться, стлаться, расстилаться, раскинуться*.

Образуйте (письменно) от трёх первых глаголов формы 3-го лица единственного и множественного числа. Составьте с ними словосочетания или предложения.

24. Прочитайте описание широко известной картины; постарайтесь мысленно увидеть её.

Солнечный яркий день. Небольшой уютный дворик, расположенный в одном из тихих арбатских переулков. Сквозь ветви тенистого сада виднеется фасад большого белого дома, боковой стороной выходящего во двор; правее — старый покосившийся сарай, колодец, вдали — крыши невысоких московских домов и, наконец, пятикупольная церковь с шатровой колокольней, вырисовывающаяся на фоне голубого неба. Дворик живёт своей обычной, повседневной жизнью: на зелёной лужайке играют белобрысые ребятишки; в глубине двора женщина несёт ведро с водой; на верёвке сушится бельё; лошадь мирно ожидает своего хозяина. Весь дворик окутан воздухом, светом и солнцем.

(*И. Раздобреева.*)

✱ 1. Узнали вы картину? Как она называется? Кто её написал?

☛ 2. Прочитайте сведения о художнике — авторе этой картины (см. с. 143).

3. Рассмотрите её репродукцию на вклейке.

4. Составьте подробный план описания картины.

5. Перескажите текст или опишите картину по-своему.

25. Прочитайте строфу, «включив» своё воображение.

> Серебряные россыпи монет
> Мерцают в южном небе до рассвета,
> Но за горой рождается рассвет,
> Сгребает мелочь, чтобы спрятать где-то.

(*Р. Гамзатов.*)

✻ 1. Какие картины вы мысленно видите, читая эти строки? Что с чем и с кем в них сравнивается?

2. Укажите синонимы. Подумайте, почему они оказались необходимыми в данном контексте.

26. Подготовьтесь писать сочинение по картине.
1. Прочитайте сведения о художнике Ф. П. Толстом (см. с. 143).

2. Рассмотрите на вклейке репродукцию его картины «Букет цветов, бабочка и птичка».
Скромна простая стеклянная ваза. Скромны самые распространённые садовые цветы. (Назовите их.) Что же придаёт неповторимую красоту составленному из них букету? Как по-вашему?
Какие ещё приметы лета запечатлел художник?
Можно ли картину «Букет цветов, бабочка и птичка» назвать по-другому? Как именно? Почему?

3. Напишите сочинение по этой картине. (Используйте памятку 5, см. с. 147.)

27. 1. Прочитайте сведения о художнике В. Д. Поленове (см. с. 143).

2. Рассмотрите на вклейке репродукцию его картины «Золотая осень». Она создана в 1883 году, то есть в то время, когда художник жил на берегу Оки, недалеко от Тарусы, где ныне музей-усадьба В. Д. Поленова. Пейзаж написан с высокого берега Оки, откуда расстилается вид на плавную излучину широкой реки, на холмы, покрытые осенним убором лесов, на спокойную гладь равнины.
Присмотритесь, какие они, краски осени, запечатлённые художником? Воздух? Солнце? Каким настроением окрашена картина? Какие чувства она рождает у вас?

3. Напишите сочинение по картине В. Д. Поленова «Золотая осень».

28. I. 1. Прочитайте сведения о художнике И. С. Остроухове (см. с. 142).

2. Рассмотрите на вклейке репродукцию его картины «Золотая осень». Не правда ли, глядя на эту картину, так и хочется сказать: «Входишь в лес — как в сказку попадаешь».

3. Напишите сочинение по картине И. С. Остроухова «Золотая осень».

II. 1. Расскажите, что вы уже знаете о художнике И. И. Шишкине; напишите названия нескольких созданных им картин.

2. Прочитайте сведения о художнике И. И. Шишкине (см. с. 144).

3. Рассмотрите на вклейке репродукцию его картины «Парк в Павловске». (Павловск — это город в Ленинградской области; знаменит парками и дворцами; до 1917 года здесь находилась загородная резиденция русских царей.)

4. Напишите по этой картине сочинение.

29. I. Прочитайте сведения о художнике Г. Г. Нисском (см. с. 141—142).

II. Рассмотрите на вклейке репродукцию его картины «Подмосковная зима».

III. Опишите картину (устно).

IV. Прочитайте текст.

КАК СМОТРЕТЬ ПЕЙЗАЖНЫЕ КАРТИНЫ.

1) Если в толстой книге на сотни страниц писатель может описать события, случившиеся за многие годы, то рассказ художника краток.

Краски запечатлели на холсте лишь одно мгновение. Поэтому нужно очень внимательно, не пропустив ни одну мелочь, рассматривать картину. Иначе не узнаешь: где и когда происходило то, что изобразил художник, и что было раньше.

Где?

Георгий Нисский назвал свой пейзаж «Подмосковная зима».

Когда?

Тебе ответят шубы, куртки, шапочки. Взрослые и дети, которые на остановке сошли с автобуса, одеты по-современному.

И ещё один важный свидетель — школьный портфель. В старину никто из подмосковных ребят не складывал в портфель тетрадки и букварь.

Но самое верное доказательство того, как изменилась жизнь в Подмосковье, — это автострада. Недаром художник поместил её в центре картины.

Что здесь было раньше?

Шумел огромный лес. Он был полновластным хозяином этой земли. А теперь ржавые берёзы и густо-зелёные ёлки попятились, уступая место дороге, которую проложил человек. На ней слышится не топот конских копыт, а шорох автомобильных шин.

2) Как ни быстро бегут резвые кони, им машину не обогнать. Кому нужно на новостройку, кому в магазин, кому в школу, кому на охоту, кому с покупками домой — все торопятся, все спешат. И всех доставит на место пригородный автобус. Он ходит круглый год.

Однако из всех времён года художник выбрал зиму. Но не для того, чтобы показать праздник красок на снежном поле.

Снег — будничный, деловой, придорожный — нужен Нисскому лишь как фон для автострады.

Если бы возле автострады зеленела трава или желтел песок, её тёмная полоса не проступала бы так чётко, как среди матовой белизны снегов.

В старину поэты воспевали дорогу, которая «убегает вдаль».

Про автостраду, какой её написал Нисский, можно сказать, что эта современная дорога не убегает, а мчится, летит. На переднем плане широкая, а потом, всё суживаясь, она становится похожа на огромную стрелу.

Взгляд скользит по тёмной глади асфальта, и кажется, что летящая стрела-дорога, остриём вонзаясь в горизонт, уносит вдаль и тебя. И в стремительности её линий ты узнаёшь наше время, время невиданных в старину скоростей.

(Н. Надеждина.)

✽ 1. Рассмотрите репродукцию «Подмосковной зимы» ещё раз. Подумайте, как статья об этой картине помогла вам полнее её увидеть и лучше понять.

2. Напишите изложение второй части текста, но сначала отметьте в ней синонимы; постарайтесь их сохранить в своём изложении.

30. 1. Прочитайте эпитеты к слову *дорога*.
Какие из них можно использовать при описании впечатления, которое производит дорога на человека, или настроения, которое она вызывает.

Извилистая, весёлая, волшебная, окольная, невесёлая, очаровательная, печальная, прямая, радостная, сказочная, скучная, широкая, постылая, унылая, накатанная, чудесная, чудная, раздольная.

2. Какая дорога для вас особо памятна? Чем? Почему? Напишите миниатюру на тему «… дорога».
Уточните формулировку темы таким эпитетом, который соответствует вашему творческому замыслу.

31. I. 1. Прочитайте сведения о художнике Г. Г. Нисском (см. с. 141—142).

О— 2. Репродукцию одной из картин Г. Нисского можно часто встретить в книгах и журналах. Узнаете ли вы эту картину по её описанию? Как она называется?

…Бесконечны суровые снежные просторы. Просты и строги очертания стройных сосен, уходящих за раму. Огромно иссиня-чёрное холодное небо. Ничтожными кажутся написанные на переднем плане человеческие фигурки. Но нет, и здесь, среди вечных снегов, люди труда не одиноки. Низко над горизонтом спокойно скользит по тёмно-синему небу, алеет в последних лучах заката большой транспортный самолёт. Он идёт на посадку.

3. Внимательно рассмотрите репродукцию этой картины на вклейке.

4. Перескажите описание картины или опишите её по-своему (устно).

II. 1. Прочитайте сведения о художнике Г. Г. Нисском (см. с. 141—142).

2. Рассмотрите на вклейке репродукцию его картины «Радуга».

3. Напишите по ней сочинение.

4. Воспользуйтесь памятками 4 и 5 на с. 146—147.

5. При подготовке подумайте над вопросами.

1. По каким деталям картины мы догадываемся: только что прошёл дождь?

2. В чём проявляется незримое присутствие солнца в картине?

§ 3. Описание действий.

Тексты о трудовых процессах обычно включают в себя следующие части:

подготовка того или другого **человека к работе** (рабочий костюм, рабочее место, необходимые инструменты, материалы; поза, внутренняя собранность и т. д.);

ход работы (последовательное описание всех операций — от начала до конца);

результаты работы.

32. Прочитайте отрывок из повести Л. Кассиля «Ранний восход».

…И тут Женьча заступил на смену. Сосредоточенный, немножко взволнованный, но полный непривычной в нём солидности, встал рыжий Женьча — нет, не Женьча, токарь-скоростник Евгений Стриганов — к своему станку. Застегнул, оправил спецовку, не спеша оглядел станок, од-

36. Напишите «немой» диктант «За работой». В зависимости от того, что вы будете наблюдать и описывать, конкретизируйте формулировку темы.

Старайтесь не допускать неоправданного повторения слов, используйте синонимы.

37. Вы видели, как, например, мама шила фартук, или папа делал полку, или сестра вязала шарфик и т. п.

Напишите о результатах работы, которую вы наблюдали.

38. I. Прочитайте сочинение ученицы 7 класса. Укажите в нём композиционные части: а) подготовка к работе; б) ход работы; в) оценка работы; её результаты.

КАК Я ВПЕРВЫЕ
САЖАЛА ТЮЛЬПАНЫ.

Когда у нас появился сад, папа сказал мне:

— Леночка, теперь можешь разводить цветник.

Я, конечно, обрадовалась. Но никаких семян у меня не было. Что же делать? Папа помог мне: попросил луковицы тюльпанов у нашего соседа. У него много цветов.

В следующий раз я прихожу в сад и принимаюсь за дело. Мне никогда раньше не приходилось самой сажать такие цветы, как, например, тюльпаны или лилии, но я видела, как это делают.

Сперва выбираю место неподалёку от домика и, разрыхлив уже вскопанную землю, убираю с неё всякий мусор. Потом, вынув луковицы из ведра, отделяю их друг от друга и раскладываю их на газете. Затем делаю лунки и осторожно, чтобы не повредить корешки, кладу в каждую ямку по одной луковице и посыпаю их землёй так, чтобы зелёные, уже проросшие стебельки остались на поверхности.

И наконец поливаю все посаженные растения. Папа, посмотрев на мою работу, одобрительно сказал:

— Молодец! Ну, на сегодня хватит, пойдём домой.

Прошло с того дня уже две недели, тюльпаны приживаются, растут. И мне очень приятно слышать: «Как там твои цветы?»

(Лена Г.)

✳ Проследите, как в описании действий Лена избегает повторения наречия *потом* и местоимения *я*.

II. Прочитайте отрывок из рассказа Н. Носова «Заплатка». Вспомните, не приходилось ли и вам испытывать затруднений, подобных тем, что испытал герой рассказа Бобка. Напишите об этом.

Пошёл он домой, попросил у мамы иголку, нитку и лоскуток зелёной материи. Из материи он вырезал заплатку величиной с огурец и начал пришивать её к штанам.

Дело это было нелёгкое. К тому же Бобка очень спешил и колол себе пальцы иголкой.

— Чего ты колешься? Ах ты, противная! — говорил Бобка иголке и старался схватить её за самый кончик, так, чтоб не уколоться. Наконец заплатка была пришита. Она торчала на штанах, словно сушёный гриб, а материя вокруг сморщилась так, что одна штанина даже стала короче.

— Ну, куда же это годится? — ворчал Бобка, разглядывая штаны. — Ещё хуже, чем было! Придётся всё наново переделывать.

Он взял ножик и отрезал заплатку.

39. «Придумайте тему сочинения, главным в котором должно быть описание действий», — попросил учитель. Ребята назвали много разных тем, например: «Первый блин комом...», «Как я чищу аквариум», «Как я мыла поросёнка Васю», «Как я первый раз сажала тюльпаны».
Напишите и вы сочинение на одну из таких тем.

40. I. Прочитайте отрывок из повести Е. Ильиной «Четвёртая высота»; озаглавьте его.

Гуля смотрела вниз. Она уже привыкла за дни тренировки к такой высоте, но тогда внизу зеленел берег и не было этих тысяч устремлённых на неё глаз. Сердце у неё забилось так, что захватило дыхание. Ей предстоял сложный прыжок — полтора сальто вперёд. «Боюсь? — подумала Гуля. — Нет, не боюсь!»

Она оттолкнулась, уже в воздухе сжалась вся в комочек и, обхватив колени руками, полетела.

На лету, в воздухе, она сделала оборот, выпрямилась, как пружина, и совершенно беззвучно, без брызг вошла в воду. Гуле казалось в эти мгновения, что она летит целую вечность.

А когда она снова вынырнула из воды и поплыла к трапу, её оглушил плеск многих тысяч ладоней. Людей она не видела. Ей казалось, что рукоплещет весь берег, весь Днепр.

Она оглянулась в сторону судей и увидела несколько высоко поднятых щитов. На каждом щите горела ярко-красная цифра «9». Это была высшая оценка, которая давалась прыгунам на сегодняшнем соревновании.

II. Составьте сложный план текста на основе одного из данных простых. Что для этого нужно сделать?

Первый вариант простого плана.

1. Подготовка Гули к прыжку.
2. Прыжок.
3. Оценка прыжка.

Второй вариант простого плана.

1. Гуля смотрит вниз.
2. Сердце забилось, дыхание захватило.
3. «Нет! Не боюсь!»
4. Оттолкнулась, сжалась в комок, полетела.
5. Беззвучно вошла в воду.
6. Вынырнула из воды.
7. Рукоплескания зрителей.
8. Высшая оценка судей.

Чтобы составить сложный план на основе простого, нужно или конкретизировать пункты плана соответствующими подпунктами (см. первый вариант плана), или к нескольким наиболее близким по смыслу пунктам плана подобрать общее заглавие (см. второй вариант плана).

III. Рассмотрите рисунок; опишите его (устно).

IV. Перескажите близко к тексту описание отличного прыжка Гули Королёвой.

41. Прочитайте отрывок из рассказа, озаглавьте его.

Надо было видеть, как Сашка стоял в воротах. Колени согнуты, голова опущена, подбородок упёрся в грудь, острые, чуть прищуренные глаза смотрели вперёд. Сашка видит насквозь атакующих противников — со всеми их хитростями и приёмами.

(*Ю. Яковлев.*)

✻ Перескажите описание позы вратаря близко к тексту.

42. Вам приходилось выполнять опорный прыжок через спортивного коня? Вспомните! Опишите подробно действия спортсмена, выполняющего опорный прыжок.

43. Опишите характерную позу или движения какого-либо спортсмена (по рисункам, наблюдениям или телерепортажам).

44. I. Представьте себе (вспомните по личным наблюдениям или телерепортажам, фильмам, фотографиям и т. п.) момент победы в том виде спорта, который вы знаете и любите... Опишите его. Постарайтесь и в заглавии, и в содержании вашей работы передать радость победы.

II. 1. Запишите синонимы: *торжество, триумф*.
Укажите сначала общее в их значении, затем различие.

2. Расскажите о таком успехе спортсмена (или спотсменов), который можно назвать триумфом.

III. Напишите (на основе газетных материалов или теле- и радиопередач) информационную заметку о триумфе российских спортсменов (например, фигуристов) на соревнованиях европейского или мирового уровня.

45. Подготовьтесь писать сочинение на тему «Мой любимый вид спорта» или «Моё любимое занятие». (Обратитесь к памятке 5, с. 147.)

I. Прочитайте темы сочинений; укажите, что между ними общего, в чём их различие.

1. Победа!
   Моя первая победа.
   Моя первая победа над собой.

2. Спорт в моей жизни.
   Почему я люблю спорт?
   Мой любимый вид спорта.

3. Моё любимое занятие.

II. Постарайтесь вспомнить, когда, благодаря кому (например, родителям) или чему (например, какой-то книге, фильму, телепередаче и т. п.) у вас возник интерес к тому виду спорта или к тому занятию, о котором вы будете писать; кем и как этот интерес в вас поддерживался, укреплялся и углублялся.

III. Подробно опишите, как именно вы занимаетесь своим любимым видом спорта или любимым делом, какое удовлетворение, какую радость вам это доставляет.

IV. Поделитесь планами на будущее, связанными с вашим увлечением.

V. Постарайтесь подобрать к своему сочинению эпиграф. Вспомните, что такое эпиграф и как он оформляется в сочинении.

VI. Повторите правописание слов по теме «Спорт».

1. Составьте словообразовательные цепочки, подчеркните «ошибкоопасные» места.

О б р а з е ц. *Баскетбол — баскетболист, баскетболистка.*

Велосипед, волейбол, парашют, теннис, футбол, хоккей, шахматы.

2. Вставьте пропущенные буквы, проверьте себя по словарю.

Г..мнастка, к..питан к..манды, ко..ентатор, п..нальти, пл..вательный бассейн, пл..вец, пл..вчиха, п..едестал поч..та, трен..р, трен..ровать, трен..ровка, тр..буны, тр..умф, ч..мпион.

46. Наверное, у каждого из вас есть любимый вид спорта. Одному нравится плавать, другому — бегать, третьему — играть в шахматы. А почему именно этот вид спорта стал для вас любимым? Задумывались ли вы над таким вопросом? Напишите сочинение-рассуждение на тему «Почему я люблю ...». Закончите формулировку темы по своему выбору.

Можете предложить аналогичную тему сочинения о любимом занятии. Например: «Почему я люблю рисовать» (составлять букеты цветов, плести макраме и т. п.).

При подготовке к написанию сочинения повторите типовую схему рассуждения и средства связи его частей; прочитайте пояснения к предыдущему упражнению.

Композиция полного рассуждения.

I. Тезис (то, что надо доказать, объяснить или опровергнуть).

II. Доказательства (аргументы, доводы, обоснования, объяснения).

1. ... .
2. ... .
3. ... .

III. Вывод (то, что доказано, объяснено или опровергнуто).

В **сокращённом** рассуждении может отсутствовать тезис или вывод: они очень близки по смыслу (ведь вывод и есть доказанный тезис).

Средства связи частей рассуждения.

В рассуждении **для перехода от тезиса к доказательствам** часто используется вопрос *почему?*, частица *ведь* или такие предложения, как: *И вот почему. Это можно доказать так (следующим образом). Докажем это. В этом легко убедиться. Это объясняется следующим...* и т. п.

В доказательствах **на связь и последовательность мыслей** могут указывать вводные слова и сочетания: *во-первых, во-вторых, в-третьих, в-четвёртых, наконец, например, к примеру, допустим, предположим, так, значит, следовательно, в общем, стало быть* и др.

Вывод связывается с доказательствами чаще всего посредством вводных слов *итак, таким образом* и др., слов и сочетаний *поэтому, вот почему*; предложений типа *Обобщим все сказанное выше. Подведём итоги. Из всего сказанного выше следует, что... Сделаем вывод...* и т. д.

Части рассуждения могут **быть связаны** и без специальных языковых средств, **только по смыслу**, а в устной речи ещё и при помощи **интонации**.

47. Составьте простой план обзора радио- или телепередачи под рубрикой «Спортивные новости».

Олицетворение.

48. Прочитайте стихотворение.

ВЕТЕР.

Осторожно ветер
Из калитки вышел,
Постучал в окошко,
Пробежал по крыше;

Поиграл немного
Ветками черёмух,
Пожурил за что-то
Воробьёв знакомых.

И, расправив бодро
Молодые крылья,
Полетел куда-то
Вперегонку с пылью.

(*М. Исаковский*).

1. Вспомните, что такое олицетворение.

2. Если бы вас попросили указать олицетворение в этом тексте, что бы вы ответили?

3. Вы знаете много прекрасных стихов наизусть. Постарайтесь вспомнить такие, основа которых — олицетворение.

4. Напишите миниатюру, оживив в ней месяц или звёзды на ночном небе или солнце — на утреннем.

ПОВЕСТВОВАНИЕ.

§ 4. Рассказ на основе услышанного.

Рассказ на основе услышанного начинается обычно с введения. Почему?

Нужно подготовить читателя к восприятию рассказа, то есть предварительно пояснить в нём такие детали, без знания которых понять рассказ по-настоящему нельзя.

Введение объяснит, где, как и почему автор узнал о том, что произошло с героем рассказа.

И наконец, введение может вызвать интерес читателя к рассказу.

Прочитайте схему композиции рассказа. Она поможет вам при выполнении упражнений.

КОМПОЗИЦИЯ РАССКАЗА.

49. В одной из газет была напечатана беседа корреспондента с ветераном Великой Отечественной войны — Зинаидой Константиновной Ивановой.

I. Прочитайте ответ Зинаиды Константиновны на один из вопросов корреспондента.

II. Представьте себе, что на основе ответа З. К. Ивановой вы решили написать рассказ об услышанном. Что бы вы пояснили во введении к этому рассказу? Почему? Напишите.

III. Прочитайте один из возможных вариантов введения к рассказу. Проследите, соответствует ли данный вариант тому назначению введения, о котором говорилось на с. 42.

IV. Подумайте: если бы вы были среди тех, кто слушал дочь полка Зинаиду Константиновну Иванову, что бы вы записали по ходу её ответа на вопрос?

V. Составьте и запишите план рассказа Зинаиды Константиновны.

VI. Перескажите сначала введение, затем ответ дочери полка, заменив 1-е лицо 3-м.

ОТВЕТ НА ВОПРОС КОРРЕСПОНДЕНТА.

З. К. И в а н о в а: Это был 1944 год... Наш полк вёл тяжёлый бой. Командир полка подполковник Горчаков Василий Иванович на командном пункте руководил боем, я — возле него, обеспечивала связь. Вдруг прекратилась связь с одним из батальонов — обрыв провода. «Разрешите идти на линию», — обратилась я к командиру. А на линии — ураганный огонь, противник бьёт из крупнокалиберных пулемётов, забрасывает минами. Командир сказал: «Погоди». И послал солдата. Мы ждём десять минут, двадцать, тридцать. Нет связи, не возвращается солдат. Я опять к командиру: «Разрешите идти». Он поглядел на меня очень внимательно, отлично понимая, что и я могу не вернуться. Говорит: «Ну, иди, дочка, только возвращайся».

Я выбралась из траншеи и тут же прижалась к земле. Кругом разрывы, небо, чёрное от дыма. Мне было очень страшно. Но командир ждёт. Я поползла вдоль линии.

Где позволяла местность, делала перебежки. Минут через десять увидела солдата, которого посылал командир. Он лежал, уткнувшись в землю. Я перевернула его на спину. Убит... Я заплакала. Вытирая слёзы, поползла дальше. Вскоре нашла обрыв провода. Зачистила концы, соединила. Тем же путём и под таким же огнём — назад.

В тот день наш полк выиграл очень важный бой.

Через два дня полк отвели с переднего края на пополнение. Командир дивизии перед строем вручил мне медаль «За отвагу», поздравил.

Эта медаль — самая первая моя награда. И она мне, конечно, очень дорога.

ВВЕДЕНИЕ К РАССКАЗУ.

На утренник, посвящённый Дню Победы, мы пригласили Зинаиду Константиновну Иванову.

В войну она была связисткой, дочерью полка: на фронт попала в 1942 году, когда ей было всего-навсего 14 лет, служила в 377-й дивизии! В солдатских сапогах, с тяжёлым карабином на одном плече, с катушкой и телефоном — на другом, она прошагала всю войну, до Победы. У Зинаиды Константиновны много боевых наград.

— Расскажите, пожалуйста, когда и за что вы получили свою первую награду, — попросили мы нашу гостью.

И Зинаида Константиновна начала вспоминать...

50. 1. Прочитайте отрывок из главы «Зима в Уфе» (повесть С. Т. Аксакова «Детские годы Багрова-внука»).

2. Найдите в тексте слова, доказывающие, что отец слушал Серёжу охотно, возможно, задавал ему какие-то вопросы, желая что-то уяснить, уточнить и т. п.

3. Напишите на основе этого текста сочинение на тему «Каким я представляю рассказ Серёжи своему отцу». (Воспользуйтесь памяткой 5, с. 147.)

1) С крыльца нашего была видна река Белая, и я с нетерпением ожидал, когда она вскроется. На все мои вопро-

сы отцу и Евсеичу: «Когда же мы поедем в Сергеевку?» — обыкновенно отвечали: «А вот как река пройдёт».

И наконец пришёл этот желанный день и час! Торопливо заглянул Евсеич в мою детскую и тревожно-радостным голосом сказал: «Белая тронулась!» Мать позволила, и в одну минуту, тепло одетый, я уже стоял на крыльце и жадно следил глазами, как шла между неподвижных берегов огромная полоса синего, тёмного, а иногда и жёлтого льда. Далеко уже уплыла поперечная дорога, и какая-то несчастная чёрная корова бегала по ней, как безумная, от одного берега до другого. Стоявшие около меня женщины и девушки сопровождали жалобными восклицаниями каждое неудачное движение бегающего животного, которого рёв долетал до ушей моих, и мне стало очень его жалко. Река на повороте загибалась за крутой утёс — и скрылись за ним дорога и бегающая по ней чёрная корова. Вдруг две собаки показались на льду; но их суетливые прыжки возбудили не жалость, а смех в окружающих меня людях, ибо все были уверены, что собаки не утонут, а перепрыгнут или переплывут на берег. Я охотно этому верил и, позабыв бедную корову, сам смеялся вместе с другими. Собаки не замедлили оправдать общее ожидание и скоро перебрались на берег. Лёд всё ещё шёл крепкою, сплошною, неразрывною, бесконечною глыбою. Евсеич, опасаясь сильного и холодного ветра, сказал мне: «Пойдём, соколик, в горницу; река ещё не скоро взломается, а ты прозябнешь. Лучше я тебе скажу, когда лёд начнёт трескаться». Я очень неохотно послушался, но зато мать была очень довольна и похвалила Евсеича и меня.

2) В самом деле, не ближе как через час Евсеич пришёл сказать мне, что лёд на реке ломается. Мать опять отпустила меня на короткое время, и, одевшись ещё теплее, я вышел и увидел новую, тоже не виданную мною картину: лёд трескался, ломался на отдельные глыбы; вода всплескивалась между ними; они набегали одна на другую, большая и крепкая затопляла слабейшую, а если встречала сильный

упор, то поднималась одним краем вверх, иногда долго плыла в таком положении, иногда обе глыбы разрушались на мелкие куски и с треском погружались в воду. Глухой шум, похожий по временам на скрип или отдалённый стон, явственно долетал до наших ушей. Полюбовавшись несколько времени этим величественным и страшным зрелищем, я воротился к матери и долго, с жаром рассказывал

ей всё, что видел. Приехал отец из присутствия, и я принялся с новым жаром описывать, как прошла Белая, и рассказывал ему ещё долее, ещё горячее, чем матери, потому что он слушал меня как-то охотнее.

51. Напишите изложение текста 1 (см. с. 44—45). Используйте памятку 3, с. 146.

52. Вы запомнили, каким голосом сообщил Евсеич Серёже долгожданную приятную весть? — *Тревожно-радостным.*

А ещё каким может быть голос в зависимости от того, что, кому, в какой ситуации, в каком настроении говорит человек?

Сначала назовите как можно больше найденных вами эпитетов, а потом обратитесь к словам для выбора.

Составьте предложение с прямой речью, используя в словах автора один из найденных или выбранных вами эпитетов к слову *голос*.

Слова для выбора: басовитый, бодрый, вкрадчивый, гибкий, деревянный, дребезжащий, задорный, командирский, ледяной, низкий, панический, печальный, победный, раздражённый, резкий, робкий, сильный, юный.

53. Наверное, каждый из нас узнаёт звучащий по радио голос известного певца, артиста, ведущего любимой программы, спортивного комментатора и т. п.

Вот как один журналист писал о голосе выдающейся русской певицы Надежды Андреевны Обуховой (1886—1961).

Из репродуктора доносился глубокий виолончельный голос Обуховой.

Составьте подобное предложение, подобрав к слову *голос* (известного человека) наиболее подходящий, по вашему мнению, эпитет (или эпитеты).

Сначала постарайтесь нужные эпитеты найти самостоятельно и только в случае затруднения обратитесь к словам для выбора.

К слову *голос* можно найти много и других эпитетов; здесь приведена только незначительная часть их. В «Словаре эпитетов русского языка» к слову *голос* — 445 эпитетов!

Слова для выбора: бархатный, благожелательный, задушевный, красивый, ласковый, мелодичный, металлический, могучий, певучий, полнозвучный, приятный, проникновенный, серебряный, сильный, сладкозвучный, тёплый, томный, хрипловатый, чистый.

54. Прочитайте сочинение ученицы. Найдите в нём введение. Проследите, удачно ли оно; готовит ли читателя к правильному пониманию рассказа.

ХОРОШИЙ, УМНЫЙ ПЁСИК.

Этот рассказ я слышала от Анастасии Николаевны Голиковой — моей тёти. Она ветеран Великой Отечественной войны, много лет проработала бухгалтером, а теперь — на пенсии.

Тётя Настя любит животных. Вообще она очень добрая и смелая. Живёт одна, а на лето уезжает к своему брату — Фёдору Николаевичу в деревню Глотовку. Деревня та почти что в лесу стоит.

Вернётся тётя Настя из Глотовки и про разные случаи нам рассказывает.

Вот один из её последних рассказов.

«Пошла я в лес за грибами. И Буран, Федина собака, за мной увязался.

Идём вдвоём. Буран то обгонит меня, то отстанет, то совсем из виду пропадёт. Но я знаю: он где-то рядом и, если что, в обиду не даст.

Вот уже и дорога, которую нам надо переходить. Но вдруг Буран мой остановился, уши навострил, шерсть на его загривке вздыбилась. «Что такое? — думаю. — Пошли, Буран, пошли!»

Выходим на дорогу, а по ней незнакомая собака идёт. Большая. Серая. Вот, оказывается, почему волновался Буран!

Я, как всегда, и незнакомую собаку по голове и шее глажу, ласково так приговариваю: «Пёсик! Хороший, умный пёсик! Куда же ты идёшь? И почему один? Где твой хозяин?»

А пёсик свернул с дороги и бегом в сторону оврага.

Набрала я грибов полную корзину. Да ещё пакет большой полиэтиленовый. И часам к пяти вернулись мы с Бураном домой.

Вечером рассказала я о встрече в лесу Феде.

— А ты заметила, как тот «пёсик» ходит? — спросил он.

— Заметила! Как-то по-особенному. Очень легко и плавно. Будто стелется над землёй.

— Так это был волк!

— Неужели?! Вот это «пёсик»! — удивилась я.

— Скажи спасибо, что сейчас лето и волк был сыт по горло. А то бы показал тебе, что он за «пёсик»! В другой раз ты всё-таки поосторожней будь».

(Нина Г.)

55. Подготовьтесь писать сочинение — рассказ на основе услышанного.

I. Используйте памятку 8, с. 148—149.

II. Постарайтесь перечитать художественные произведения, написанные в форме рассказа об услышанном: М. Ю. Лермонтов. «Бородино»; Н. А. Некрасов. «Орина, мать солдатская»; Л. А. Кассиль. «Рассказ об отсутствующем»; К. Г. Паустовский. «Старик в потёртой шинели» и др.

III. Собирая материал для будущего рассказа, расспросите своих родителей, соседей, знакомых о наиболее значительных, интересных случаях из их жизни.

IV. Послушайте по радио и телевидению, прочитайте в газетах и журналах примеры интервью, поучитесь у журналистов задавать вопросы собеседнику.

V. Умейте слушать! Помните: ваше внимание, ваш интерес к рассказу вдохновляют рассказчика.

VI. Составив черновой вариант плана рассказа, продумайте, что в нём можно отсечь как лишнее и, наоборот, что надо уточнить и дополнить.

VII. Определите основную мысль рассказа. В соответствии с этим озаглавьте его.

VIII. Усовершенствуйте план.

IX. Подумайте, от какого лица (первого или третьего) вы будете «передавать услышанное».

X. Повторите правила о знаках препинания при обращении и прямой речи, обязательно соблюдайте их.

XI. Напишите сочинение.

56. I. Прочитайте сведения о художнике А. И. Лактионове (см. с. 140).

II. Рассмотрите на вклейке репродукцию картины А. И. Лактионова «Письмо с фронта».

III. Сочините по ней рассказ (см. памятку 9, с. 149—150). При подготовке к сочинению подумайте над вопросами.

1. Почему картина названа «Письмо с фронта»? Кто это письмо принёс; кто читает; кто слушает?
Стремитесь не только называть героев картины, но и кратко описывать их внешний вид, их одежду.

2. Какие приметы военного времени увидели вы на картине? Обратите внимание: вдали, на втором плане, шагает навстречу нам солдат в полевой форме, готовый присоединиться к обсуждению вестей с фронта.

3. Как передано в картине: вести с фронта — добрые, победа близка?

IV. Попробуйте написать рассказ от лица одного из героев картины. А ещё интереснее написать это сочинение в форме рассказа на основе услышанного (см. советы к упр. 55).

§ 5. Как создавать киносценарий в разных формах?

Прочитав заглавие параграфа, остановитесь: вспомните, что о киносценарии вы уже знаете; подумайте, что узнаете нового; только после этого читайте текст и проверяйте себя, всё ли вы вспомнили.

Киносценарий — литературное произведение, по которому ставится кинофильм. Главным в киносценарии, как и в любом другом литературном произведении, является его основная мысль, его идея. **Киносценарий включает в себя несколько составных частей**, из них обязательны две: **ремарка** — описание (пейзажа, обстановки, поведения действующих лиц и т. п.); **монолог, диалог или отдельные реплики** действующих лиц.

Кроме ремарок и диалогов, в киносценарии могут быть **пояснительные надписи и закадровый текст**, то есть звучащий за кадром голос рассказчика. Например: *Суздаль. Май 1999 года*. (Это — пояснительная надпись.)

За кадром: *Город Суздаль известен с 1024 года. Он славится своим ансамблем памятников зодчества...* и т. д. (Это — начало текста, звучащего за кадром.)

Пояснительные надписи и закадровый текст используют в тех случаях, когда очень трудно или вообще невозможно показать на экране то, что важно для правильного понимания фильма.

В киносценарии иногда указывается **план изображения** — степень удалённости кинокамеры от объекта съёмки. Например: **общий план** — изображение человека во весь рост, обычно на фоне окружающей его среды; **крупный план** — изображение головы человека или отдельных частей его тела (например, рук), его лица (например, глаз), а также важных для понимания фильма небольших предметов или их деталей.

Обязательной, единой формы киносценария нет. Чаще всего **его пишут в форме драматургического произведения** (пьесы) **или в форме обычного повествования** (рассказа, повести).

57. Сформулируйте (письменно) по содержанию § 5 не менее шести вопросов, ответьте на них тоже письменно.

58. 1. Вспомните, какие произведения И. С. Соколова-Микитова вы читали? Как бы вы определили основную тему его творчества? Запишите её.

2. Прочитайте начало одного из рассказов И. С. Соколова-Микитова.

Зимой я возвращался с охоты. Положив на плечо лыжи, я шёл по накатанной снежной дороге. Из школы, стоявшей на краю деревеньки, выбегали после занятий ребята. Шумной толпою, с сумками в руках, они шли серединой деревенской широкой улицы. Я шёл следом, прислушиваясь к весёлым разговорам. На середине деревни, у колодца, ребята остановились.

Задрав головы, они стали смотреть на вершины высоких берёз, где сидели вороны. Кто-то снял шапку и стал махать ею над головой.

И вдруг одна из сидевших на вершине берёзы ворон, взмахнув крыльями, стала тихо спускаться, села на плечо мальчика, махавшего шапкой. Достав из сумок кусочки хлеба, ребята обступили мальчика и стали кормить ворону. Оставшиеся на берёзе вороны, наклонив головы, с удивле-

нием смотрели на свою смелую товарку. С таким же удивлением смотрел и я на всё это. Подойдя, я стал расспрашивать. И вот что я узнал.

Минувшим летом Коля подобрал выпавшего из гнезда плохо летавшего воронёнка, принёс его домой. В сенях избы он устроил из палок небольшую загородку для воронёнка и стал его кормить. Воронёнок очень скоро привык к Коле, хорошо его узнавал, и всякий раз, когда Коля подходил к своему питомцу, тот радостно каркал и махал крыльями. Когда воронёнок подрос, Коля стал выпускать его на волю. Воронёнок неизменно к нему возвращался. Он влетал в открытое окно дома, съедал приготовленное для него угощение. Осенью воронёнок присоединился к другим воронам, но каждый раз, стоило только ему увидеть на улице Колю, слетал с дерева и, к великому удивлению других ворон, садился на его плечо.

✽ Подготовьтесь к написанию на основе этого текста киносценария в форме пьесы.

1. Определите основную мысль будущего фильма, подберите для него название; придумайте имена друзьям Коли и кличку его питомице; составьте список действующих лиц.

2. Перечитайте три первых абзаца текста; подумайте, где и почему в них возможен диалог или отдельные реплики; какие именно. Напишите их.

3. Перечитайте последний абзац текста. Постарайтесь мысленно услышать, а потом записать беседу охотника с ребятами. Вероятно, о ручной вороне рассказывал не только Коля, но и его друзья, а охотник (писатель-натуралист!) всем горячо интересовался, обо всём расспрашивал...

59. На основе текста упр. 58 напишите киносценарий в форме пьесы. Используйте подготовленные вами материалы упр. 147.

60. Напишите изложение, близкое к тексту (см. упр. 58). Используйте памятку 3, с. 146.

61. Широко известный телефильм «Приключения Электроника» снят по сценарию, который написан Е. Велтистовым (на основе его же одноимённой повести) в обычной повествовательной форме.

По телевидению «Приключения Электроника» показывают почти каждый год, и всегда эта умная и весёлая кинолента пользуется огромным успехом у зрителей. Вероятно, и вы, ребята, видели и любите эту картину.

Вспомните, как показан в ней урок рисования... Вспомнили? А теперь прочитайте фрагмент киносценария, на основе которого эта сцена снималась.

В классе начался урок рисования.

— Ребята, — сказала Нина Петровна — молодая учительница рисования, — сегодня свободная тема. Рисуйте, кто что хочет.

Она строго посмотрела на класс и неожиданно покраснела:

— Приступайте!

Ученики склонились над альбомами.

Учительница взяла стул и села у окна с книгой в руках...

В конце урока Нина Петровна прошла вдоль рядов, собирая рисунки. Электроник протянул свой лист.

Губы Нины Петровны дрогнули. Рисунки чуть не выпали из рук. Перед ней был... её собственный портрет, нарисованный с необычайной точностью. Нина Петровна подняла на ученика глаза.

— Зачем... это? — прошептала она.

— Вы были хорошо освещены, — объяснил Электроник.

Ребята вскочили с мест, столпились вокруг.

— Спасибо, Серёжа, — Нина Петровна стала вдруг серьёзной. — Я ставлю тебе «четыре».

Ребята зашумели:

— За что?

— Почему?

— Неправильно...

— Тише, ребята, тише! — успокаивала их Нина Петровна.

Из толпы внезапно вынырнул Чижиков.

— А почему «четыре»? — храбро спросил он. — Очень даже красивый рисунок. Слушай, Сыроежкин, — обратился он к Элу, — подари его мне, я повешу его на стену.

— В рисунке есть... неточность! — пояснила учительница.

— Какая? — спросил Электроник.

— Ты приукрасил жизнь. А настоящий художник должен быть правдив.

✱ 1. Найдите в тексте фрагмента слова, которыми можно выразить его основную мысль.

2. Если бы вы были режиссёром фильма, какие кадры по этому фрагменту вы дали бы крупным планом? Почему?

 62. Можете ли вы представить Электроника и его друзей-одноклассников на таких уроках, которые ни в повести, ни в фильме не показаны? Например, на уроке русского языка? Или каком-либо другом?

1. Напишите фрагмент киносценария на тему «Электроник на уроке ...». (Каком? Выберите сами.) Постарайтесь сохранить характер, «узнаваемость» героев по каждому их движению, по каждой реплике, ведь фильм и его герои широко известны.

2. Озаглавьте сценарий в зависимости от того, какая мысль в нём будет основной.

Возможно, при подготовке киносценария вам интересно и полезно будет обсудить подобную работу вашего сверстника. В таком случае обратитесь к упр. 65.

63. Е. Велтистов был уверен, что в рассказах о приключениях Электроника никогда не потребуется слово *конец*.

Напишите сценарий новой серии фильма. Озаглавьте его.

64. «Девчонки и мальчишки! А также их родители…» — звучит заставка тележурнала «Ералаш» — и все торопятся к экрану.

А знаете ли вы, что сценарии многих номеров этого юмористического журнала написаны или по письмам, «подсказке», детей или самими детьми?

Попытайтесь и вы написать сценарий одного из номеров тележурнала «Ералаш». «В какой форме: пьесы или рассказа?» — спросите вы. В любой! Какая вам больше нравится?

65. Прочитайте сочинение вашего сверстника Юры Б.

С ПОМОЩЬЮ МАТЕМАТИКИ.

К и н о с ц е н а р и й.

Светлая классная комната. На доске — запись:

Частицы НЕ и НИ.

На учительском столе — магнитофон, пульт управления, журнал, книги. На партах — компьютеры, наушники, словари, тетради.

З а к а д р о м. Мы присутствуем на уроке русского языка в 7«Б» классе школы программистов. Урок ведёт Елена Ивановна Новикова.

Познакомимся с будущими программистами. На первой парте — Макар Гусев и староста Коля Гребешков; на второй, за Гусевым, — Сергей Сыроежкин (он же — Электроник, Элек, Эл); рядом — Вовка Корольков, Профессор, как его прозвали в классе, а на последней парте, слева, — Апенчиков. Он любит и умеет сочинять стихи.

Все внимательно слушают Елену Ивановну. Она говорит:

— Недавно в сочинении одного из вас (не буду называть фамилии) я прочитала такое предложение (о т к р ы в а е т с я з а п и с ь н а д о с к е):

Коля не мог ни выступить на этих соревнованиях.

Как вы думаете, всё ли здесь в порядке?

Класс напряжённо молчит.

— Нет, не всё в порядке, — говорит Сыроежкин (Электроник). — Надо написать: *Коля не мог не выступить на этих соревнованиях.*

— Правильно, Серёжа! А как это доказать?

— Это можно доказать с помощью математики, — заявляет Сыроежкин.

Глаза ребят — на Серёжу.

— Возьмём пример из математики: $(-a) \cdot (-b) = +ab$.

Два минуса в произведении дали плюс.

Теперь вдумаемся в смысл предложения, в котором сделана ошибка: *Коля не мог не выступить на этих соревнованиях.* По смыслу оно равно предложению без отрицательной частицы: *Коля выступил на этих соревнованиях.* Таким образом, два отрицания при глаголе в одном предложении дают положительный результат. Значит, в утвердительном предложении обе частицы отрицательные, и надо писать: *Коля не мог не выступить на этих соревнованиях.*

— Здорово! — восклицает Гусев и глядит на всех так победоносно, будто не Сыроежкин, а он, Макар Гусев, сделал такое открытие.

— Интересно! — говорит Елена Ивановна. — Есть пословица: «Без грамматики не узнаешь математики». А в чём убедил нас сегодня Серёжа?

— Знаешь математику — полюбишь и грамматику, — сочинил новую пословицу поэт 7«Б» Апенчиков.

✽ 1. Если бы в сценарии не было имён его героев, узнали бы вы
⚷ их? Как, по каким признакам?

2. К написанию сценария Юра отнёсся творчески: он не только выполнил советы учителя, но и придумал что-то своё. Что именно?

⚷ 3. А можно было ещё что-то придумать? Если да, то что?

СОЧЕТАНИЕ РАЗНЫХ ТИПОВ РЕЧИ В ОДНОМ ТЕКСТЕ.

§ 6. Отзыв о книге.

Отзыв — это суждение, мнение, содержащее оценку кого-либо, чего-либо. Дать отзыв о книге — значит высказать и обосновать своё мнение о ней, поделиться впечатлениями о прочитанном.

Отзыв может быть написан в виде рассуждения, тогда он обычно содержит **тезис** (мнение читателя о книге); **доказательства** справедливости этого мнения; **вывод** (общая оценка книги); **рекомендации** (кому прочитать данную книгу).

Нередко в отзыве автор говорит о том, где, когда и при каких обстоятельствах он впервые узнал о книге, когда и как её читал, как складывалось впечатление о ней и т. п. В этом случае **в отзыв включается повествование.**

Иногда отзыв содержит **описание** внешнего вида книги, её иллюстраций.

В отзыве могут сочетаться разные типы речи.

66. «Дикая собака динго, или Повесть о первой любви»... Если эту «влекущую» книгу вы читали давно, то перечитайте снова. Непременно перечитайте! Не лишайте себя этого удовольствия.

А сейчас прочитайте отзыв М. П. Прилежаевой о книге Р. И. Фраермана «Дикая собака динго...»; озаглавьте его словами автора.

Есть книги, которые с детства и юности, войдя в сердце человека, сопровождают его всю жизнь. Утешают в горе, вызывают раздумье, радуют. Так и эта книга, которую, дорогой читатель, ты держишь в руках. Взяв её, ты уже не оторвёшься до последней страницы — так увлекательна и поучительна повесть, помещённая в ней.

Завидую тебе, если сейчас ты будешь читать её впервые: много чудесных часов ожидает тебя. Тебе откроется целый мир красивых и благородных чувств, ты узнаешь смелых и добрых людей: писатель поведёт тебя в разные края нашей большой живописной страны. А если ты уже читал эту повесть, то прочитаешь её ещё раз с таким же интересом, может быть, даже с бо́льшим, потому что произведения Рувима Исаевича Фраермана относятся к тем, что открывают каждый раз новое, заново волнуют и радуют.

<...> Счастливую и влекущую книгу написал Р. Фраерман о девочке Тане. Неведомые края чудятся Тане, и отчего-то хочется увидеть австралийскую собаку динго — непонятные мечты и фантазии тревожат её. «Или это уходит от неё детство? Кто знает, когда уходит оно?»

О Фильке и Коле, умном и мужественном полковнике Сабанееве, печальной Таниной маме и учительнице Александре Ивановне — людях хороших и благородных написал Р. Фраерман поэтичную добрую книгу.

Не совсем легко им живётся. Горе и счастье, грусть и веселье чередуются в жизни. И когда ты счастлив, и если тебя настигла беда, — будь отважен, держись с достоинством. И береги друзей. И будь внимателен к людям.

Ничего такого Р. Фраерман прямо не говорит; ничему не учит. Но, прочитав его книгу, каждый услышит, как поднимаются в нём эти добрые чувства. И почему-то вам радостно, хотя повесть кончается расставанием: Фильке «хотелось горько заплакать, но он был мальчик, родившийся в молчаливом лесу, на берегу сурового моря. Он лёг на песок у воды и замер».

Вам жаль Фильку, жаль, что все расстаются. Но отчего в то же время вам радостно? Оттого, наверное, что вы узнали и полюбили новых людей. Побывали в суровых и дивных лесах и у реки, бегущей к морю. Услышали музыку слова. И вам хочется глубоко вздохнуть, улыбнуться, и какие-то неясные и пленительные, как у Тани, мечты прилетели к вам. Такова власть искусства.

✱ 1. Укажите словосочетания и предложения, в которых выражена общая высокая оценка книги.
2. Проследите, как автор отзыва подтверждает справедливость этой оценки повести.
3. Составьте и запишите план, по которому написан отзыв.
4. Сравните ваш план с приводимым ниже. Если окажется необходимым, внесите в ваш план соответствующие уточнения и дополнения.

ПОЭТИЧНАЯ ДОБРАЯ КНИГА.
План.

I. Общая высокая оценка книги («повесть увлекательна и поучительна»).

II. Подтверждение справедливости высокой оценки книги.

1. Тема — волнующая всегда и всех («как уходит детство»).

2. Герои — «люди хорошие и благородные».

3. Идея — глубоко человечная и вечная (в любой ситуации «держись с достоинством», «береги друзей», «будь внимателен к людям»).

4. Художественная форма — совершенна («услышали музыку слова»).

III. Повесть, обогащая читателя новыми знаниями о стране и людях, пробуждает в нём добрые мысли и чувства.

67. Об одной и той же книге может быть несколько отзывов: ведь каждый читает и воспринимает книгу по-своему и по-своему говорит о её достоинствах и недостатках. Например, мы познакомились с отзывом М. П. Прилежаевой о «Дикой собаке динго…». А вот что об этой же повести пишет Ю. Яковлев.

Моё знакомство с Фраерманом произошло значительно раньше, чем я его увидел. Оно началось в тот момент, когда мне в руки попала его замечательная книга «Дикая собака динго…».

В этой книге всё очень обычно и вместе с тем всё удивительно, напоено замечательным настоем жизни, который чувствуешь, вдыхая запах хлеба, или в весенний день в березняке, когда листья только что раскрылись, от них веет самой мастерской природы, её материалом, её приправами. Что значит обычный и необычный? Обычные ребята ходят в школу, делают уроки, играют, иногда срываются; получают двойки. И вдруг между ними возникает странная связь, и всё обычное пропадает, и в подростках пробуждаются такие чувства, о которых они и не подразумевали. Боль перемешивается с радостью, ни с чем не сравнимой, никем не заменимой, горе и счастье сменяют друг друга, как прилив и отлив моря. А из-за обычного мальчишки совершаешь такие отчаянные поступки, что тебя сравнивают с дикой собакой динго…

О чём эта книга, где в заголовке так и написано «Повесть о первой любви»? Эта книга о пробуждении, о переходе человека, ещё зелёного и неокрепшего, в мир новых чувств и переживаний. И потому, что этот переход самый трудный, не поддающийся описанию, анализу, потому, что для него трудно подобрать точные слова, а может быть, ещё не все самые точные слова созданы, — потому повесть, написанная так горячо и тонко, так доверительно и сокровенно, принимается читателем как тихий рассказ близкого человека, когда погашен свет и только звёзды горят в вышине.

 1. В чём сходство отзывов М. Прилежаевой и Ю. Яковлева о повести «Дикая собака динго...»? А в чём различие? Аргументируйте свой ответ.

2. Как Ю. Яковлев определяет основную тему повести? Найдите в тексте слова или предложения, подтверждающие ваше мнение.

3. Какие сравнения в отзыве Ю. Яковлева о повести вам запомнились? Выпишите предложения, в которые они входят.

68. От ваших сверстников приходилось слышать: «Труднее всего в отзыве о книге писать об особенностях её языка». Поучимся этому на материале небольшого фрагмента. Прочитайте два первых абзаца главы «Сугробы» из повести А. Н. Толстого «Детство Никиты».

СУГРОБЫ.

Широкий двор был весь покрыт сияющим, белым, мягким снегом. Синели на нём глубокие человечьи и частые собачьи следы. Воздух, морозный и тонкий, защипал в носу, иголочками уколол щёки. Каретник, сараи и скотные дворы стояли приземистые, покрытые белыми шапками, будто вросли в снег. Как стеклянные, бежали следы полозьев от дома через весь двор.

Никита сбежал с крыльца по хрустящим ступеням. Внизу стояла новенькая сосновая скамейка с мочальной витой верёвкой. Никита осмотрел — сделана прочно, попробовал — скользит хорошо, — взвалил скамейку на плечо, захватил лопатку, думая, что понадобится, и побежал по дороге вдоль сада, к плотине. Там стояли огромные, чуть не до неба, широкие вётлы, покрытые инеем, — каждая веточка была точно из снега.

 1. Какие эпитеты и сравнения помогают представить особенно ярко снег; следы от полозьев; вётлы? Найдите их.

 2. Употребление каких слов в этом описании вам показалось необычным, «свежим»? В чём их необычность?

69. Сравните свои наблюдения с тем, что говорит о языке повести А. Н. Толстого «Детство Никиты» писатель и литературовед И. Л. Андроников.

«Детство Никиты» принадлежит к удивительным книгам: прочтёшь и хочется пересказать её всю — от слова до слова. Радует каждая фраза. Как празднично описаны морозные узоры на окнах! Какими тёплыми кажутся солнечные квадраты по полу горницы! Так и видишь на снегу «синие следы зайцев» и «стеклянные следы полозьев», которые бегут от дома через весь двор. Никита подходит к окну, смотрит в заваленный снегом сад. На ветке сирени сидит «чёрная головастая ворона, похожая на чёрта». Никита постучал пальцем в окно. «Ворона шарахнулась боком и полетела, сбивая крыльями снег с ветвей». Кажется, что она каркнула, хотя про это не сказано.

Читая книгу, чувствуешь, что каждое слово, которое ставит Толстой, — самое точное, единственно верное слово. Морозным утром «хрустят ступени» под шагами Никиты. Обычно говорят «хрустит снег». У Толстого — ступени. Про воздух, который колет щёки иголочками, писатель сказал: «Воздух морозный и тонкий». Тонкий воздух! Кажется, что Толстой наделяет нас ещё неведомой остротой чувств — учит постигать прелесть весеннего вечера, когда на зелёном небе затеплилась первая, «чистая, как льдинка», звезда, учит вглядываться в мигание молний над тёмным июльским садом, слышать жар летней степи, горячей от спелых хлебов, вековечный свист ветра в ушах, когда скачешь на лошади.

 1. Прочитайте, как выразил писатель И. Андроников общую высокую оценку языка повести «Детство Никиты».

2. Расскажите, какими примерами он эту оценку подтверждает.

3. Чему учат нас описания природы в повести «Детство Никиты»? (Ответьте словами автора статьи.)

 4. Найдите в тексте сравнения; выпишите предложения, в которые они входят.

5. Выскажите (на основе своих наблюдений) своё впечатление о языке повести «Детство Никиты» (в данном случае — отрывка), используя отдельные слова и выражения, которые будут подкреплять вашу мысль.

 6. Напишите миниатюру, «оживив» в ней звёзды на ночном небе.

70. I. Многие ваши сверстники с удовольствием писали отзывы о повести А. Г. Алексина «Сигнальщики и Горнисты». Прочитайте её. Подумайте, какие особенности языка этой повести вы бы отметили.
Сделайте необходимые выписки.

II. Прочитайте, какие особенности языка повести «Сигнальщики и Горнисты» были отмечены семиклассниками на уроке подготовки к написанию отзыва о ней.

1) Язык этой книги очень простой: ведь она написана от имени такого же, как мы, школьника. Читаешь её — и кажется, будто рядом с тобой сидит твой ровесник, приехавший из другого города, и рассказывает обо всём, что произошло там с ним и его друзьями Горнистами.

2) Тема повести — двуплановая: а) предвоенные годы, молодое поколение тех лет; б) наши дни, наши современники, память о юных героях войны.

Этой двуплановостью темы повести обусловлена одна из особенностей **языка** её — употребление военных слов в описании самых мирных дел. Например?

Мама говорит Пете, что Екатерина Ильинична давала своим ученикам прозвища **«по-снайперски** точно». Петя, рассказывая о своей маме, замечает, что, когда она «устанавливала в какой-нибудь из квартир медицинский **пост** и начинала **атаковать** болезнь, **боеприпасы,** в виде лекарств, **подносил** он.

3) Реплики учительницы Екатерины Ильиничны сразу узнаёшь по её «учительским» словам и оборотам, например: «Я слушаю. Отвечай!»

4) Многие фразы в повести близки к пословицам. Вот несколько примеров.

И з р е п л и к Е к а т е р и н ы И л ь и н и ч н ы:
Скромность не живёт в одиночку; хорошо должно быть хорошим; тру́сы любить могут только себя; зачем мешать спасению утопающих? Болото всегда ненавидит гору. И чем выше гора, тем больше это раздражает болото.

И з р е п л и к П е т и н о й м а м ы, в р а ч а - п е д и а т р а Н и н ы В а с и л ь е в н ы:
Врач — не только профессия, но и образ жизни; нельзя оставлять людей одинокими.

И з р е п л и к П е т и:
Плохие не могут любить хороших (на что мама ему отвечает: «Но хорошие иногда любят плохих»); всё с чего-нибудь начинается и др.

Да, «всё с чего-нибудь начинается». С повести «Сигнальщики и Горнисты» началась, например, новая жизнь этих слов: они получили глубоко обобщённый смысл, превратились в своего рода символы. Сигнальщики и Горнисты — это те, кто всегда готов подать сигнал тревоги, если кому-то плохо, протянуть руку помощи, сделать доброе, благородное дело.

✿ 1. Согласны ли вы с наблюдениями ребят?

2. Какие особенности языка повести «Сигнальщики и Горнисты» отметили вы?

🗝 3. Проверьте себя: всегда ли вы внимательны к иллюстрациям в книгах, которые читаете.

Рассмотрите на вклейке иллюстрацию В. И. Терещенко к повести А. Алексина «Сигнальщики и Горнисты». Опишите её устно.

Удачна ли, по вашему мнению, эта иллюстрация? Помогает ли она глубже понять повесть?

71. Напишите отзыв о произведении художественной литературы, которое вы обсуждали в классе или с которым познакомились самостоятельно. Можете обратиться к рассказам Е. И. Носова «Живое пламя» или Б. А. Лавренёва «Разведчик Вихров» (см. с. 116—139) и написать отзыв об одном из них.

Разумеется, при подготовке выбранный рассказ надо прочитать 2—3 раза с карандашом в руке.

В работе над отзывом вам, возможно, помогут такие вопросы.

1. Какова тема и основная мысль произведения?

2. Где и когда происходят изображённые в нём события?

3. Какие места в книге произвели на вас наиболее сильное впечатление?

4. Кто из героев особенно понравился? Почему?

5. Каков язык книги (что запомнилось, показалось необычным, свежим)?

6. Чем обогатила вас книга? Над какими вопросами заставила задуматься?

7. Помогли ли вам лучше понять книгу иллюстрации, предисловие, послесловие?

При написании отзыва постарайтесь воспользоваться следующими советами.

1. Выберите форму вашего отзыва (например, письмо другу, письмо автору книги, письмо в издательство, статья для стенгазеты, для стенда и т. д.).

2. В зависимости от того, о какой книге, кому и что вы будете писать, определите стиль вашего сочинения (публицистический, научный и др.).

3. Постарайтесь в заглавии отзыва отразить его основную мысль.

4. Читая черновик сочинения вслух, следите, нет ли в вашем отзыве неуместного, неоправданного повторения слов. Избежать этого вам помогут синонимы, лексические и текстовые (в данных ниже словах и словосочетаниях они разделены точкой с запятой).

Понравиться, глубоко взволновать, произвести большое (неизгладимое) впечатление, запомниться, привлечь внимание, запечатлеться в памяти, запасть в сердце и память; интересный, увлекательный, занимательный, любопытный; описывать, обрисовывать, рисовать, очерчивать; изображать, показывать, рассказывать о ..., знакомить с ..., вводить в ... .

72. 1. Назовите известные вам научно-популярные книги о русском языке.

2. Рассмотрите на вклейке обложки книг. Что вы знаете об этих книгах, их авторах? Читали ли вы эти научно-популярные книги?

73. Прочитайте отрывок из статьи. Расскажите, какая особенность научно-популярной книги по орфографии в нём отмечена.

Всех других авторов превзошёл (по части занимательного стиля) талантливый языковед М. В. Панов, умудрившийся изложить самые трудные проблемы русской орфографии так остроумно и весело, с таким изобилием затейливых шуток, озорных анекдотов, что его серьёзная, глубокомысленная книга воспринимается как сочинение юмориста: смеёшься чуть ли не на каждой странице. Характерно забавное заглавие книги: «И всё-таки она хорошая». В полной гармонии с этим общим заглавием названия отдельных глав: «Страна Опельсиния», «Писателям можно», «Пусть будет другой сосед» и т. д. Это не мешает книге быть подлинно научной в высшем значении слова.

(*К. Чуковский.*)

74. Постарайтесь найти и прочитать книгу Е. О. Каменевой «Какого цвета радуга»; внимательно рассмотрите её. Если у вас этой книги, к сожалению, не окажется, познакомьтесь с приводимым ниже отрывком из неё (текст 1), а затем с отзывом о ней (текст 2).

1)   СИЛУЭ́Т.

В XVIII веке при французском короле Людовике XV министром финансов был некий Этьен де Силуэт. О нём ходило много анекдотов, а однажды какой-то художник нарисовал на него карикатуру. Она была сделана необычно — как тень. Этот способ изображения стали называть силуэтом, по фамилии министра. И если бы не это обстоятельство, то о самом Силуэте, возможно, давно бы забыли.

В силуэте фигуры или предметы рисуются сплошным чёрным пятном. В таком рисунке невозможно показать черты лица или какие-нибудь детали, поэтому внешние очертания каждой фигуры должны быть очень выразительны. Силуэтные портреты делаются обычно в профиль.

2)   КНИГА УМНАЯ, НАРЯДНАЯ.

В доме, где пятилетняя девочка увлекается рисованием и лепкой и небольшая квартира превращена в выставку её работ, на самом видном месте лежит книга Е. Каменевой «Какого цвета радуга». «Я счастлива, — говорит девочка. — У меня есть «Радуга». У нас в студии все о ней мечтают».

Что же это за книга? Автор так определил её характер и содержание: «Книга, которую вы раскрыли, не совсем обычная. Это словарик. В нём объясняется значение различных понятий в изобразительном искусстве. Вы прочтёте о наскальной живописи — искусстве первобытных художников, о замечательных мастерах Древней Греции и эпохи Возрождения, узнаете, как художники работают над гравюрой, кто изобрёл масляные краски, как делается мозаика, что такое витраж... Это как бы начало вашего знакомства с изобразительным искусством...»

Короткие, независимые одна от другой главки расположены по алфавиту: автопортрет, барельеф, графика, жанр, колорит, линогравюра, монументальная живопись, орнамент, подлинник, светотень, цвет, эскиз, этюд... Обо всём сказано коротко, живо, выразительно.

Органично сочетаются глубокие познания автора и его призыв к самостоятельному творческому труду. Множество иллюстраций подобрано с большим вкусом. Книга, изданная издательством «Детская литература», живёт, выполняя роль занимательной художественной энциклопедии.

Умная, нарядная книга Е. Каменевой будет желанной в каждом доме, в каждой школе.

(*Н. Колосова.*)

✳ 1. Составьте план, по которому написан отзыв.
2. Проследите, как связаны по смыслу вступительная и заключительная части его. Сделайте вывод.

⚲ **75.** 1. Рассмотрите на вклейке силуэты персонажей басен И. А. Крылова. Узнали вы их?
2. Напишите имена персонажей и названия басен, в которых они изображены.
3. Вспомните, какие выражения из этих басен стали фразеологизмами. Напишите их.

76. Перед вами — ученический отзыв о научно-популярной книге. Прочитайте его.

ХОРОШАЯ КНИГА.

(Е. Каменева. О чём рассказали яблоки.
М., «Малыш», 1986)

Я занимаюсь в художественной студии Дома творчества детей и подростков. И мне казалось, что о натюрморте знаю давно и много. В пятом классе писала сочинение по двум натюрмортам: «Белый кувшин и клубника» И. Машкова и «Сирень» П. Кончаловского.

Но вот прочитала книгу Е. Каменевой «О чём рассказали яблоки» и поняла, что мои знания о натюрморте — капля в море. Сколько новых для меня имён художников, писавших натюрморты! Г. Теплов, Ф. Толстой, П. Кузнецов, А. Фонвизин, К. Петров-Водкин, М. Сарьян... Сколько картин! И какие они разные! «Натюрморт с подносом» и «Натюрморт с селёдкой», «Ереванские цветы» и «Розовые яблоки», «Ананасы и бананы» и «Сирень в корзине»...

Под каждым натюрмортом указан год его «рождения», и, когда просматриваешь книгу, создаётся представление об истории и живописи, и страны: ведь предметы, изображённые на картине, рассказывают о своём времени. Вот, например, в 1918 году в стране было голодно; картошка, селёдка и чёрный хлеб считались просто пиршеством, и художник К. Петров-Водкин написал «Натюрморт с селёдкой», на котором, кроме селёдки, — четвертинка чёрного хлеба и две картофелины. А когда в магазинах появился в изобилии хлеб, И. Машков пишет натюрморт «Московская снедь. Хлебы». Чего-чего тут только нет! Хлеб, булки, батоны, калачи, крендели! И всё свежее, румяное, с ароматной хрустящей корочкой. Ешьте на здоровье!

Евгения Осиповна Каменева, автор книги, учит внимательно рассматривать картину, понимать значение каждой детали в ней. Мне очень понравилось, как она убеждает, например, в необходимости двух персиков на переднем плане в «Натюрморте с подносом» П. Кузнецова! «Попробуй закрыть их рукой, и ты увидишь, что впереди стало пусто, поднос как будто бы вдвое стал тяжелее, больше,

70

и устойчивость композиции нарушилась». Я, конечно, воспользовалась этим советом и поняла: без персиков картина «испортится».

«О чём рассказали яблоки» — научно-популярная книга, но читаешь её как художественную, потому что написана она хорошим языком, образным и точным. Мы, например, привыкли различать сирень только белую и фиолетовую. А вот как описывает сирень, изображённую на одном из натюрмортов П. Кончаловского, Е. О. Каменева: «Какие яркие и нежные краски, сколько оттенков фиолетовых, сиреневых, лиловых!» Так же точно описываются яблоки на другом натюрморте этого же художника: «Вот яблоки, написанные Кончаловским. Розовые, жёлтые, зеленоватые с красными бочка́ми... Совсем спелые, налитые соком, душистые». Как хорошо, что все эти определения отделены от слова *яблоки* точками: на них, определениях яблок, невольно задерживаешь своё внимание. Нельзя не заметить, как Евгения Осиповна избегает ненужного повторения одних и тех же слов. К примеру, соседние предложения в описании «Утреннего натюрморта» К. Петрова-Водкина она сцепляет при помощи синонимов *собака* и *пёс*: «Чтобы усилить ощущение близости человека, художник изобразил *собаку*. Большой рыжий *пёс* терпеливо ждёт своего хозяина».

«О чём рассказали яблоки» — хорошая книга. Её можно было бы назвать и отличной, если бы иллюстрации — репродукции в ней были бы более высокого качества. А они, к сожалению, какие-то блёклые, размытые, словно за пеленой тумана.

Несмотря на это, книгу я прочитала с большим удовольствием и пользой.

✻ 1. Составьте план, по которому написан отзыв.
2. Перечитайте ту часть отзыва, в которой говорится о достоинствах языка книги. Как вы думаете, интересны ли наблюдения автора?
3. Сравните план, составленный вами, с приводимым ниже. Если окажется необходимым, внесите в свой план соответствующие уточнения и дополнения.

ХОРОШАЯ КНИГА.

(Отзыв о научно-популярной книге.)

План.

1. Почему для отзыва я выбрала именно эту книгу?

2. Что я знала по той теме, которой посвящена эта книга?

3. Что я узнала нового, прочитав эту книгу?

4. Что можно сказать о языке книги; её оформлении?

5. Какие пожелания автору, художнику-оформителю, издателям книги хотелось бы выразить?

6. Какова общая оценка книги?

Можно ли отзыв об этой, как и о любой другой научно-популярной, книге написать по другому плану? Конечно! Допустим: во вступительной части описать один из натюрмортов. Например: *Перед нами — репродукция «Утреннего натюрморта» К. С. Петрова-Водкина...* Описав эту картину, перейти к основной части отзыва: *Натюрморту как виду живописи и посвящена книга Е. О. Каменевой «О чём рассказали яблоки»...*

Много и других «подступов» к отзыву: первая встреча с книгой; описание её обложки; случайно услышанный восторженный отзыв о книге или, напротив, резко отрицательный, с которым вы не согласны, и т. д. и т. п. Думайте! Ищите!

77. Какие научно-популярные книги вы читали? Какая из них, по-вашему, самая интересная?

Напишите отзыв о ней так, чтобы и другим захотелось прочитать её — непременно и немедленно!

Сравнение можно выразить при помощи предлогов *наподобие, подобно.*

72

78. I. Напишите по памяти.

Наподобие забора
Поднят кверху воротник.

(*К. Ваншенкин.*)

❋ Почему воротник можно сравнить с забором? Чем выражено здесь сравнение?

II. Подскажите сравнение.

ОБЛЕТЕВШИЙ ОДУВАНЧИК.

Лёгкий вздох иль ветерок —
Пух летит за горсткой горстка.
И останется кружок
Наподобие ...

(*В. Берестов.*)

III. Спишите текст. Подчеркните во втором предложении однородные члены.

Формы цветков необыкновенно разнообразны. Есть цветки наподобие колокола, наподобие колокольчиков, наподобие колосков, наподобие звёздочек... Вспомним, например, лилию, ландыш, подорожник, полевую гвоздичку, астру...

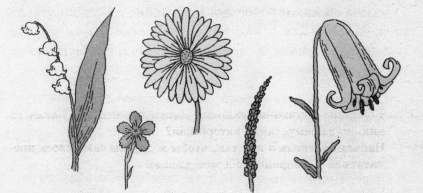

❋ Подумайте, почему предлог *наподобие* повторяется при каждом однородном члене. Попробуйте его опустить.

Предлог при однородных членах повторяется, если его отсутствие может вызвать неясность в понимании предложения.

IV. Кто из нас не присматривался к облакам и не сравнивал их ... С чем или с кем?

Поделитесь своими сравнениями — поставьте их на месте точек. Стремитесь к тому, чтобы текст получился складным, благозвучным.

НА ЧТО ПОХОЖИ ОБЛАКА.

Летом я люблю лечь на траву и наблюдать за облаками. Какие они разные!

Одни наподобие ..., другие — наподобие ..., третьи — наподобие ... . И все они куда-то плывут, плывут и плывут. Никогда не знают покоя.

79. I. Прочитайте стихотворные строки Н. А. Заболоцкого. Укажите в них сравнения.

1) Подобно бесчисленным арфам и трубам,
   Кусты расступились и скрыли меня.

2) Дым, подобно белой тройке,
   Скачет в облако наверх.

II. Прочитайте вслух отрывок из очерка К. Г. Паустовского «Михаил Пришвин». Вслушайтесь, как он звучит.

У ботаников есть термин — разнотравье. Он обычно относится к цветущим лугам. Разнотравье — это сплетение разнообразных и весёлых цветов, раскинувшихся сплошными озёрами по поймам рек.

Прозу Пришвина можно с полным правом назвать разнотравьем русского языка. Слова у Пришвина цветут, сверкают. Они то шелестят, как травы, то бормочут, как родники, то пересвистываются, как птицы, то позванивают, как первый лёд, то, наконец, ложатся в нашей памяти медлительным строем, подобно течению звёзд.

 Укажите в тексте сравнения. Подумайте, почему все они здесь — из мира природы.

III. Представьте себе: вы — учитель. Что вы расскажете своим ученикам о сравнениях, выраженных при помощи предлога *подобно*, на основе приведённых выше примеров?

Предлог *подобно* близок по смыслу к обороту *так же, как*; употребляется с именем существительным в дательном падеже.

Сравнение, выраженное при помощи предлога *подобно*, может быть в начале, в середине и в конце предложения. В любом положении оно отделяется и выделяется запятыми.

 Полминутки — на шутки.

80. Прочитайте — улыбнитесь! Отметьте слова, на которые падает логическое ударение.

АКИМ.

Вдоль реки бежал Аким,
Был Аким совсем сухим.

Побежал он поперёк —
Весь до ниточки промок.

(*О. Григорьев.*)

 Укажите в этой шутке антонимы. К какой части речи они относятся? Как это доказать?

§ 7. Характеристика литературного героя.

Характеристика литературного героя — выявление особенностей в характере, внешности и речи героя, в его деятельности. Характеристика включает в себя сведения о принадлежности героя к тому или иному обществу, его моральных качествах, взглядах, способностях и интересах.

Характеристика может быть:

полной — на основе всестороннего анализа произведения;

частичной — на основе анализа отдельной главы или эпизода.

Материал, необходимый для характеристики литературного героя, нужно находить прежде всего в тексте произведения. Этому учат разные виды работ, в том числе **выборочное изложение.**

81. Подготовьтесь писать выборочное изложение по IV главе повести М. Горького «Детство» на тему «Бабушка на пожаре».

I. Используйте памятку 6 (см. с. 147—148).

К пункту 2.
1. Собирая материал (факты, цитаты, отдельные обороты), обратите внимание на противопоставление бабушки другим обитателям дома Кашириных.

2. Перечитайте IV главу поэмы Н. А. Некрасова «Мороз, Красный нос», подумайте, какие слова поэта о русской женщине уместно использовать в тексте изложения и в качестве эпиграфа к нему.

К пункту 7.
Формулируя пункты плана, стремитесь использовать глаголы, характеризующие поведение и поступки бабушки.

Строго, крепким голосом командовала; бежала прямо в огонь; металась по двору, всюду поспевая, всем распоряжаясь, всё видя; бросилась под ноги взвившегося коня, встала пред ним; бросилась к воротам, отворила их.

II. Помните: предлог *благодаря* требует дательного падежа: *благодаря* (ч е м у?) *выдержке, заботе.* Например: *Пожар был потушен благодаря бабушке, её мудрости, находчивости, бесстрашию.*

III. Не забывайте о знаках препинания при прямой речи (диалоге) и обращениях.

82. Подготовьте выборочный пересказ на тему «Что я узнал(а) об Алёше Пешкове, прочитав VII главу повести М. Горького "Детство"».

I. Используйте памятку 6 (см. с. 147—148).

К пункту 2.
При отборе и систематизации материала обратите внимание на следующие вопросы.

1. В чём наиболее ярко проявилась наблюдательность Алёши? Его честность? Почему?

2. Что возмущало мальчика в уличных забавах?

3. Что вызывало в нём «нестерпимое чувство стыда»?

4. Сделайте вывод: какие качества Алёши наиболее ярко проявились в его отношении к людям?

83. Напишите выборочное изложение по VIII главе повести М. Горького «Детство» на тему «Главное в жизни Хорошего Дела».
Используйте памятку 6 (см. с. 147—148).

К пункту 2.
При отборе и систематизации материала обратите внимание на следующие вопросы.

1. Внешний вид Хорошего Дела.

2. Главное в его жизни — наука.

3. Поглощённость Хорошего Дела наукой и его безразличие к внешним сторонам жизни (одежда; обстановка комнаты; питание; отношение к деньгам).

4. «Колдовская» работа Хорошего Дела.

5. Поразительное трудолюбие учёного.

6. Простота, точность и краткость его речи.

84. 1. Прослушайте любимое вами произведение классической музыки. Какие мысли, чувства пробуждает в вас любимая музыка; какие картины, образы навевает?

2. Напишите сочинение на тему «Слушая ...» (например, «Весну» из «Времён года» А. Вивальди или «Мелодию» К. Глюка и т. п.).

🌑 Полминутки — на шутки.
ЛИМЕРИК.

✏ В Северной Ирландии есть городок Лимерик. Там жили когда-то большие фантазёры. Они придумывали стишки-потешки в четыре строчки — **лимерики**. В каждом стишке случается что-то смешное, глупое, нелепое. Этим лимерики напоминают небылицы. Но сочиняются они по определённым правилам.

Правила лимерика.

1. Стишок состоит ровно из четырёх строчек.

2. Порядок рифм такой: *aa(bb)a*, то есть в третьей строке обязательна внутренняя рифма (это совсем не трудно).

3. В первой строке надо непременно указать, с кем мы имеем дело: кто наш герой и откуда он или где происходит событие. Адрес может быть и настоящий, и выдуманный.

4. А дальше — произвольно. Скажем, во второй строке что-то говорится о герое, в третьей он совершает свой «героический» поступок, а последняя строка часто повторяет первую, слово в слово. Но может и не повторять. Это дело автора.

Поясним правило на примере.

К т о ? О т к у д а ?	*Один ученик из Калуги*	*(a)*
Ч е м о т л и ч а л с я ?	*имел боевые заслуги:*	*(a)*
Ч т о с д е л а л ?	*в калошу папаше налил*	*(bb)*
	простокваши	
К т о ? О т к у д а ?	*один ученик из Калуги.*	*(a)*

(А. Смирнов.)

А вот лимерик, сочинённый Джанни Родари:

Раз в Ферра́ре некий доктор поутру
Удалить надумал гланды комару.
Насекомое взвилось и куснуло прямо в нос
Гландодёра из Феррары поутру.

78

85. I. Газеты, журналы нередко проводят конкурсы лимериков. Они всегда вызывают огромный интерес ребят.
Проведите и вы конкурс лимериков.

II. Представьте себе: вы — член жюри конкурса. Среди лимериков, поступивших на конкурс, и два приводимых ниже.
Как бы вы их оценили? Почему?

1) Один паренёк из Кулатки
Все майки носил на подкладке.
И летом он мёрз, как в лютый мороз,
Один паренёк из Кулатки.

(Ира В.)

2) Один паренёк из Самары
К столам прибивал самовары.
Какой в этом толк? Понять он не мог,
Один паренёк из Самары.

(Гена П.)

✳ Если вам захочется почитать лимерики, сочинённые поэтами, обратитесь к сборнику «Всё наоборот. Небылицы и нелепицы в стихах». Составитель Г. Кружков (М., 1993. — С. 15—18).

СТИЛИ РЕЧИ.

КНИЖНЫЕ СТИЛИ.

§ 8. Публицистический стиль.

В газетных и журнальных статьях, в устных выступлениях на митингах и собраниях, по радио и телевидению часто используют **публицистический стиль.**

Основная цель публицистического стиля — воздействовать на читателя и слушателя, то есть в чём-то их убедить, к чему-то призвать.

Название стиля п у б л и ц и с т и ч е с к и й происходит от латинского слова publicus — общественный (в нашем языке есть слово *публика*, одно из значений которого — люди, народ).

86. Прочитайте фрагменты из статьи В. М. Пескова «Отечество».

Из чего вырастает огромная человеческая любовь ко всему, что умещается в одном слове — Родина?

Родина — это очень много. Это и тропинка через ручей, и пространство всей необъятной нашей страны. Это и ракета, нацеленная к Луне, и птицы, летящие на север над нашим домом. Это и Москва, и малые, в десять дворов, деревеньки. Это имена людей, названия новых машин, танцы, которым неистово хлопают во всех городах земли. Это конструктор ракет и бакенщик, зажигающий огни на реке

Волге. Это мой отец-машинист и твой отец-чабан. Это ты и я с нашим миром чувств, с нашими радостями и заботами.

Родина подобна огромному дереву, на котором не сосчитать листьев. И всё, что мы делаем доброго, прибавляет сил ему. Но всякое дерево имеет корни. Без корней его повалил бы даже несильный ветер. Корни питают дерево, связывают его с землёй. Корни — это то, чем мы жили вчера, год назад, сто, тысячу лет назад. Это наша история. Это наши деды и прадеды, наши пращуры. Это их дела, молчаливо живущие рядом с нами в степных каменных бабах, в резных наличниках, в деревянных игрушках и диковинных храмах, в удивительных песнях и сказках. Это славные имена полководцев, поэтов и борцов за народное дело. Народ, не имеющий таких глубоких корней, — бедный народ, сколь ни быстры его самолёты, сколь ни высоки его здания из алюминия и стекла.

<...>

Без прошлого невозможно ни понять хорошо, ни оценить по достоинству настоящего. Дерево нашей Родины — одно целое: зелёная крона и корни, глубоко уходящие в землю. Давайте будем помнить об этих корнях.

<...>

С детской игрушки, с народной сказки, с первой школьной беседы об окружающем мире представление о Родине у человека должно складываться из прошлого и настоящего, только при этом условии вырастет человек, способный заглянуть в завтра, способный гордиться своим Отечеством, верить в него, защищать его.

✻ 1. К чему призывает нас, читателей, журналист?

2. Что он называет нашими «корнями»?

3. Прочитайте вслух (выразительно!) фрагменты, в которых параллельная связь предложений усилена одинаковым началом их.

4. Какое сравнение является основой структуры данного текста?

5. Как журналист убеждает нас в необходимости помнить о наших «корнях»? Ответьте на этот вопрос письменно, используя сравнение, созданное автором статьи.

87. Прочитайте вслух стихотворение в прозе И. С. Тургенева. Спишите этот текст.

РУССКИЙ ЯЗЫК.

Во дни сомнений, во дни тягостных раздумий о судьбах моей родины, — ты один мне поддержка и опора, о великий, могучий, правдивый и свободный русский язык! Не будь тебя — как не впасть в отчаяние, при виде всего, что совершается дома? Но нельзя верить, чтобы такой язык не был дан великому народу!

✳ 1. *Язык, народ, Родина...* Что говорит писатель о связи между ними?
2. Подчеркните обращение.
3. Определите вид каждого предложения: а) по цели высказывания; б) по эмоциональной окраске.

88. Прочитайте фрагменты из статьи К. Г. Паустовского «Поэзия прозы».

Нам дан во владение самый богатый, меткий, могучий и поистине волшебный русский язык.

Всегда ли мы обращаемся с этим языком так, как он того заслуживает?

По отношению каждого человека к своему языку можно совершенно точно судить не только о его культурном уровне, но и о его гражданской ценности.

Истинная любовь к своей стране немыслима без любви к своему языку. Человек, равнодушный к родному языку, — дикарь. Он вредоносен по самой своей сути потому, что его безразличие к языку объясняется полнейшим безразличием к прошлому, настоящему и будущему своего народа.

Мы приняли в дар блистательный и неслыханно богатый язык наших классиков. Мы знаем могучие народные истоки русского языка.

Обо всём этом приходится говорить потому, что сейчас в русском языке идёт двоякий процесс: законного и быстрого обогащения языка за счёт новых форм жизни и новых понятий и рядом с этим заметное обеднение, или, вернее, засорение языка...

Каковы же признаки обеднённого языка? Прежде всего — засилье иностранщины.

<...>

Недавно в автобусе я услышал чудовищную фразу:

— По линии выработки продукции наше метизовое предприятие ориентируется на завышение качественных показателей и нормативов.

Что это за косноязычная галиматья! Слушая её, я подумал: не для того жили и писали на изумительном русском языке Пушкин и Лев Толстой, Горький и Чехов, чтобы их потомки утратили чувство языка и позволяли себе говорить на этой тошнотворной и мёртвой мешанине из плохо переваренной иностранщины и языка протоколистов, бездушных чиновников.

Этого не может быть! Этого не должно быть! Нужно беспощадно бороться с обеднением языка, со всеми этими «засъёмками», «зачитываниями докладов», «уценёнными товарами», «промтоварными точками» (а быть может, запятыми?), с «рыбопродуктами» вместо простой и честной рыбы, наконец с дикой путаницей понятий.

<...>

Языку мы учимся и должны учиться непрерывно до последних дней жизни. Должны учиться всюду, но прежде всего у народа, у бывалых людей, у писателей, прославленных обширностью и живописностью своего словаря (у Горького, Лескова, Пришвина, Алексея Толстого и других).

✻ 1. Против каких явлений в области языка выступает писатель?

2. Как вы думаете, есть ли необходимость «беспощадно бороться с обеднением языка» и в настоящее время? Свой ответ подтвердите примерами.

3. Прочитайте вслух вопросительные и восклицательные предложения. Подумайте, для чего они здесь употреблены.

4. Напишите, как раскрывается в статье связь двух важнейших понятий: *Родина* и *язык*.

89. Перед вами — отрывок из статьи К. Я. Ваншенкина «Знамя Победы». Прочитайте его молча, про себя, а потом выразительно вслух.

Каждому известно Знамя Победы, поднятое в берлинском небе над обгорелым рейхстагом. Знамя, впитавшее в себя кровь всех героев, проливших её, живых и павших. Знамя, несущее на себе отсветы всех мартеновских плавок далёкого тыла, всех рассветов и закатов на малолюдных колхозных полях. Наше нелёгкое, долгожданное Знамя Победы.

❋ 1. Вы, конечно, заметили, что во всех предложениях повторяется слово *Знамя*. Как вы думаете, для чего?
2. Как выражена в статье мысль о единстве фронта и тыла?
3. Укажите антонимы; подумайте, для чего они здесь употреблены.
4. Перескажите отрывок близко к тексту.

90. I. Прочитайте текст выразительно вслух.

ДАДИМ МИР ПЛАНЕТЕ ЗЕМЛЯ!

Мир — это твёрдая уверенность отцов и матерей, что их дети вырастут здоровыми и счастливыми.

Мир — это поля, покрытые не чёрным пеплом, а золотом спелых колосьев.

Мир — это смех детей и молчание пушек. Пушки мы оставим только для праздничных салютов.

Дадим мир планете Земля!

(*А. Лиханов.*)

❋ 1. Понаблюдайте, как усилена параллельная связь частей текста.
2. Докажите, что стиль этого текста … (?), тип речи — … (?).
3. Напишите изложение-миниатюру.

II. Прочитайте отрывок из статьи.

Есть только две формы жизни: гниение и горение. Трусливые и жадные изберут первую, мужественные и

84

щедрые — вторую; каждому, кто любит красоту, ясно, где величественное.

(*М. Горький.*)

✳ 1. Ответьте на вопрос: как вы понимаете смысл слов первого предложения?

2. Укажите лексические и текстовые антонимы. Как вы думаете, почему они здесь необходимы?

Для публицистической речи характерны такие средства языка, которые позволяют усилить её воздействие на читателей и слушателей: **обращения, побудительные и восклицательные предложения, торжественная лексика** (*святыня, доблесть*), **антонимы** (*доброта, злоба*), **слова с переносным значением** (*огненные годы — военные*) и др.

В публицистическом стиле широко **используются слова, фразеологизмы и описательные обороты, обозначающие явления общественной жизни** (*форум, фестиваль, митинг, люди доброй воли, Олимпийские игры, одержать победу* и др.).

91. I. Найдите в любой газете текст публицистического стиля; спишите из него 2—3 абзаца. Отметьте в них характерные для этого стиля средства языка.

II. Из текста публицистического стиля подберите абзацы, в которых встречаются: а) обращение; б) побудительные и восклицательные предложения; в) торжественная лексика; г) антонимы; д) слова с переносным значением.

III. Спишите предложения, восстановив в них опущенные слова. Прочитайте вслух предложения, которые у вас получатся. Докажите, что они взяты из текстов... (какого стиля?).

1) Хлеб нужен всем: бедным и ..., городским и ..., большим и ... . 2) Книги рассказывают о жизни во всех её проявлениях: о добре и ..., чести и ..., храбрости и ... . 3) Звуки музыки не исчезают бесследно, как нам может показаться.

Они оставляют то чувство радости, то ..., они могут оставить ощущение света или ..., покоя или ... .

Слова для выбора: бесчестие, богатый, грусть, зло, маленький, мрак, сельский, трусость, энергия.

92. Обобщите результаты своих наблюдений по теме «Средства языка, характерные для публицистического стиля».

§ 9. Интервью — жанр публицистики.

Интервью (англ. interview) — жанр публицистики, беседа журналиста с одним или несколькими лицами по каким-либо актуальным вопросам.

В интервью обычно различают три части. **Вступление** — журналист представляет слушателям своего собеседника или собеседник по просьбе журналиста представляется слушателям сам. **Основная часть** — беседа журналиста с тем человеком, у которого берётся интервью. **Заключительная часть** — журналист просит собеседника рассказать о планах на будущее, высказывает пожелания, благодарит за беседу и т. п.

93. Прочитайте интервью. Что отражает его заглавие: тему или основную мысль?

ИДУ НА РИСК.

У нас в гостях Владимир Юрьевич Жариков. Это — удивительный человек! Учёный, философ, преподаватель одного из вузов Одессы — и в то же время — каскадёр! И снимался он, ребята, в таких фильмах, которые вы, конечно, знаете и, вероятно, любите: «Приключения Тома Сойера», «Место встречи изменить нельзя», «Отряд особого назначения», «Пираты XX века»...

— Владимир Юрьевич, в каких ролях вам ещё приходилось сниматься?

— В роли индейца Джо, матроса, пирата, даже пришлось заменить восьмилетнего мальчика... И при этом падать с огромной высоты, гореть в огне, лететь в воду на автомобиле, кувыркаться на землю с лошади, которая мчится бешеным галопом.

— Но ведь это опасно. Не лучше ли использовать в таких ситуациях куклу, чучело?

— Время чучел в кинофильмах давно миновало. Когда приключенческие фильмы только начали выходить на экран, зритель рад был смотреть что угодно. Сегодняшний зритель много знает, он стал умнее. Увидев чучело, скажет: это неправда — и потом не будет верить ни герою, ни фильму.

А ведь герой приключенческого фильма — часто прекрасный образец для подражания. Вот моряк из фильма «Пираты XX века». Отважный, ловкий, находчивый, он борется за справедливость, за честь и достоинство своих товарищей. Приключенческие фильмы учат смелости, предприимчивости.

Теперь о словах *страшно, опасно, рискованно*.

Конечно, инстинкт самосохранения у человека — самый сильный. Страх испытывают все люди. Но один умеет с ним справляться, другой — нет. Однажды в горах Памира снимался такой эпизод: я перебираюсь по тросу через пропасть. Трос лопается. Лечу на обрывке над пропастью. Рискованно? Да. Но каскадёр рассчитывает трюк до мелочей. Учится владеть своим духом, телом. Он постоянно тренируется. В Одессе, где я живу, я выбрал себе место для тренировок — на берегу моря. Здесь отрабатываю технику падения, скатывания с обрыва. Каскадёр имеет в своём распоряжении разные машины. Я могу водить автомобили, трактор, бронетранспортёр. Причём не просто водить, а перевернуть машину, гореть в ней. Работаю с аквалангом, прыгаю с парашютом, управляю моторной лодкой.

— И коня на скаку можете остановить?

— Конечно. Вообще каскадёр должен уметь работать в кино с любыми животными: драться с разъярёнными собаками, вступать в схватку со змеями...

— А как ваш сын Юра относится к профессии каскадёра?

— С восхищением. Сын вместе со мной тренируется. И уже снимается в фильмах.

— Каскадёр — это ваша вторая профессия. Вы ведь преподаёте философию в институте. Защитили диссертацию. О чём она?

— О проблемах человеческих возможностей. Они у каждого человека огромны! Надо только их использовать. Главное — активность, действие.

— Владимир Юрьевич, пригодилась ли вам профессия каскадёра в повседневной жизни?

— Однажды в Одессе я спас четырёхлетнюю девочку. Она вышла на трассу. На неё летела машина. Я схватил девочку, подпрыгнул, упал на капот, скатился с капота, крепко прижав её к себе.

— В каком фильме вы будете сниматься в ближайшее время?

— Близкий мне по духу режиссёр собирается работать над многосерийным приключенческим фильмом. Хотелось бы в нём сняться.

— Пусть ваши мечты сбудутся! Спасибо за интересную беседу.

✱ 1. Укажите композиционные части интервью; проследите, как они связаны по смыслу; обратите внимание на переход от вступительной части к основной; на содержание и последовательность вопросов журналиста к собеседнику.

2. Составьте и запишите вопросы, которые задали бы вы В. Ю. Жарикову.

94. Прочитайте вступительные части к нескольким интервью, опубликованным в газетах. Обратите внимание, как по-разному журналисты представляют своих собеседников, говорят об их профессии, увлечениях и т. п.

1) Читая книгу, мы не всегда обращаем внимание на фамилию художника, чьими руками она оформлена.

Я побывала в мастерской заслуженного деятеля искусств Леонида Викторовича Владимирского.

Наверное, и вы хорошо с ним знакомы. Стóит лишь взять в руки книжки «Три толстяка» Ю. Олеши, «Приключения Буратино» А. Толстого, «Волшебник Изумрудного города» А. Волкова, и вы сразу вспомните доброго друга, который первым открыл вам мир сказки.

Я попросила Леонида Викторовича ответить на несколько вопросов наших читателей.

2) 26 апреля 1940 года в одной из газет был опубликован очерк «Из девяти — десять тысяч». В нём рассказывалось о юном натуралисте Шуре Фёдорове, добившемся на опытной делянке высоких урожаев пшеницы.

Наш корреспондент разыскал натуралиста Шуру Фёдорова и встретился с ним — теперь уже Александром Константиновичем Фёдоровым, доктором биологических наук, одним из крупнейших учёных в области генетики и физиологии растений.

3) Александр Розенбаум — по профессии врач. Хотя и поэт по призванию.

— Александр Яковлевич, в детстве вы сочиняли стихи?

— Конечно! Кто в детстве не пишет стихов?!

— А как вы учились?

— С удовольствием! С интересом! О школе, об учителях у меня — самые добрые, самые светлые воспоминания. Я и сейчас люблю бывать в школе.

✱ 1. У кого бы вам хотелось взять интервью? У старших товарищей?
Расспросите их, например, о том, какую профессию, как и почему они себе выбрали. Или о чём-то другом, памятном, значительном в их жизни.
А может, побеседовать с кем-то из одноклассников, сверстников? Об их увлечениях, интересах? Об участии в соревнованиях, походах? О поездках? О встречах?

2. Ознакомьтесь с памяткой 10 (см. с. 150).

3. Напишите сочинение в жанре интервью.

95. I. Прочитайте основную часть интервью корреспондента «Пионерской правды» с известным художником Виктором Александровичем Чижиковым.

МНЕ НИКОГДА НЕ СКУЧНО.

— Виктор Александрович, почему вы решили стать художником? Это родители «виноваты»?

— Нет, родители здесь ни при чём. Я сам избрал свой жизненный путь.

— Вы учились в художественной школе?

— Я в художественных школах не учился, а просто рисовал с детства. Первые рисунки сделал в двухлетнем возрасте, они до сих пор сохранились. И всегда хотел быть карикатуристом. С самого детства. И мне специально родители выписывали журнал «Крокодил». Это был мой любимый журнал, я знал всех художников, по «почерку» мог определить каждого ещё в детстве. Я ходил в полиграфический институт, начиная с пятого класса. Туда приходили люди, которые хотели поступать, а я приходил только потому, что души не чаял в полиграфии[1]. Там ежегодно, обычно весной, проходили дни открытых дверей, и я туда ездил, мечтая поступить на дневное художественное отделение. И доходило до того, что, когда я ждал поезда в метро, загадывал: если дверь остановится напротив меня, я буду художником, а если проедет мимо — не буду. Дверь обычно проезжала... и я впадал в панику. В конце концов поступил в полиграфический.

— Как художник создаёт книгу?

— Это очень интересная задача. Художник выступает как режиссёр. Сейчас я поясню. Надо выдумать внешность каждого персонажа и наделить характером, заставить играть. Когда художник рисует улыбающуюся физиономию, сам начинает улыбаться. Когда я работал вместе

---

[1] *Полиграфия* (от греч. *поли* — много и *графо* — пишу) — отрасль техники, промышленности, занятая печатанием книг, газет и т. д.

с другом, то по выражению его лица мог определить, какого персонажа он рисует. Если он сделал страшенное лицо, значит, он рисует Бармалея. Начинает из себя «строить» цветочек, значит, рисует Дюймовочку. Художник становится как бы актёром, он должен сыграть героя, прежде чем нарисовать его. А затем книгу надо отрежиссировать. Иногда сам автор удивляется, почему я вдруг, с его точки зрения, важный сюжет сжал до заставочки, а абсолютно незначительный раздул до разворота. Но потом он понимает, почему я это сделал. У художника огромная власть в книге.

— Что вам помогает эту «власть в книге» крепко держать в своих руках?

— Фантазия и жизнь. Мне никогда не бывает скучно в поезде, автобусе куда-то ехать, потому что мне всё интересно. Дети, собаки, кошки — я за ними всю жизнь пристально наблюдаю.

— Вы работаете над любыми сказками или только над теми, которые вам понравились?

— Конечно, над теми, которые понравились. Вообще я люблю сказки традиционные, проверенные временем. Русские народные сказки рисую с удовольствием.

— А для кого сложнее рисовать — для детей или для взрослых?

— Для детей сложнее. Потому что дети замечают всё. Ошибок никаких нельзя делать. У меня был такой случай — я иллюстрировал стихотворение Барто «У бабушки было сорок внучат», и я, чтобы не рисовать всех 40 человек, нарисовал 15 внучат и всю эту массу пустил под обрез журнала «Мурзилка», как бы журнальная страница отсекла часть рисунка. Пошли письма — почему художник Чижиков изобразил только 15 внучат, когда надо 40? Потом мне пришлось иллюстрировать книгу Барто под таким же названием. Я на обложке нарисовал всех 40 человек и собаку посадил, чтоб претензий не было. И всё. Тишина! Писем не было. Когда работаешь для детей, надо быть предельно внимательным. Ведь для ребёнка рисунок — это целый мир. Дети замечают каждую деталь.

✱ 1. Можно ли, сохранив основной смысл заглавия интервью, найти для него другие слова художника? Какие именно?

2. Почему в детстве и юности Чижикову было интересно учиться? Почему теперь ему интересно работать?

3. Если бы беседу с В. А. Чижиковым провели вы, какое вступление к интервью вы бы сделали? А заключение?

Напишите вступительную и заключительную части интервью; постарайтесь сделать их интересными, нестандартными.

II. Список книг с иллюстрациями В. Чижикова внушителен: «Русские народные сказки», «Волшебник Изумрудного города» А. Волкова, «В стране невыученных уроков» Л. Гераскиной, «Приключения Васи Куролесова» Ю. Коваля, «Доктор Айболит» К. Чуковского, «Сказки старинного города» Г. Цыферова, «Витя Малеев в школе и дома» Н. Носова, «Приключения Чиполлино» Джанни Родари и т. д. Всех не перечесть!
Московское издательство «Самовар» выпустило серию книг, иллюстрированных В. Чижиковым, — «В гостях у Виктора Чижикова». Каждая книга (всего их 19) открывается своеобразным предисловием «Художник рассказывает...». В этих «рассказах» — интереснейший материал для воображаемого интервью с В. А. Чижиковым.

1. Представьте себе: вы — корреспондент (газеты или журнала). И ваша задача — сформулировать несколько таких последовательно связанных вопросов к Виктору Александровичу, ответы на которые уже содержатся в его «рассказах»-предисловиях. Естественно, сначала их надо прочитать, если не все, то хотя бы некоторые.

2. Принесите на урок книги, оформленные В. А. Чижиковым, и (если найдёте) его знаменитый рисунок — медвежонок Миша — талисман XXII Олимпийских игр, которые проходили в Москве в 1980 году.

96. Представьте себе: вы — учитель; подготовили свой 7 класс к сочинению в жанре интервью и теперь, через несколько дней, проверяете работы своих учеников. Вот одна из них.

В ДРУЖБЕ С ПРИРОДОЙ.

Сегодняшнее интервью я беру у Ивановой Наташи, ученицы 7«Б» класса средней школы № 1. Она увлекается биологией.

— Наташа, ответь, пожалуйста, на такой вопрос: есть ли в биологии как в науке такое, что тебе особенно интересно?

— Да, я очень люблю насекомых и поэтому увлекаюсь энтомологией. У меня дома были гостями и гусеницы, и жуки, и бабочки. Для жуков я оборудовала специальный уголок, где наблюдала за их жизнью, кормила их травкой и листьями деревьев. Этот уголок находился около окна, где всегда светло и тепло.

Многие красивые гусеницы на моих глазах превращались в прекрасных бабочек. После этого я отпускала их на волю.

— Слушая твой рассказ, нельзя не заметить, что у тебя живёт много друзей из дикой природы. А имеешь ли ты у себя дома постоянных «жильцов» из домашних животных?

— Безусловно. В большом аквариуме я развожу таких декоративных рыбок, как гуппи, пецилии, меченосцы, моллинезии, данио, барбусы, сомики, акары. Кроме этого, у меня ещё живут хомяки Пуся и Хомка. За ними очень интересно наблюдать. Они значительно отличаются и внешностью, и характерами: по окраске Пуся не выделяется среди других хомяков чем-то особенным, она вся беленькая, зато по характеру очень шустрая, непоседливая, постоянно находится в движении, как акробат, лазает по стенкам клетки, спрыгивает с высоты, раз в десять превышающей её собственный рост; полную противоположность ей представляет толстый, грузный Хомка, коричневый, с большими красивыми чёрными глазами. Хомяк очень ленивый, большую часть времени спит или что-то жуёт.

Вот такие у меня замечательные квартиранты.

— А каких животных ты бы предложила другим ребятам для содержания в домашних условиях как самых красивых и интересных?

— Вообще здесь нельзя дать определённого совета, так как все животные по-своему прекрасны и интересны для тех, кто их любит и всегда доброжелательно к ним относится.

— Большое спасибо, Наташа, за интересную беседу. Желаю тебе дальнейших успехов в учёбе. И ещё хочу пожелать, чтобы ты всегда так же, как сейчас, любила природу и была бы с ней в дружбе.

(Дуся Б.)

✳ 1. Как вы оцените это сочинение? Какие достоинства и, возможно, недостатки его отметите? Что пожелаете или посоветуете автору интервью?

2. Какой вопрос от корреспондента хотели бы получить вы? Напишите этот вопрос и ответ на него.

ТЕКСТ.

§ 10. Морфологические средства связи предложений и смысловых частей текста. Союз.

97. Прочитайте отрывки из статей. Назовите их общую широкую тему.

1) Великая Отечественная война была всенародной. **И** победа над врагом **тоже** была всенародной.

(*А. Василевский.*)

2) Был май 1945 года. Гремела весна. Ликовали люди Земли. **И** радость огнями взлетала в небо.

(*А. Алексеев.*)

3) Война принесла нашей стране много горя, бед и несчастий. Она разорила сотни городов и сёл. Она уничтожила миллионы людей. Она лишила тысячи ребят отцов и матерей. **Но** наш народ победил в этой войне. Победил потому, что был до конца предан своей Родине. Победил потому, что проявил много выдержки, мужества и отваги. Победил потому, что не мог не победить; это была справедливая война за счастье и мир на земле.

(*С. Баруздин.*)

✱ 1. Объясните, что соединяют выделенные союзы в каждом из отрывков.
2. Сформулируйте основную мысль третьего отрывка.
3. Напишите изложение его. При подготовке проследите, как связаны в нём предложения и смысловые части.

98. Поставьте на месте точек подходящие по смыслу союзы.

Велик сеятель. Никогда не забывал о нём мир и никогда не забудет — ни в радости, ни в беде. ... никакая глыба золота не перевесит крошку хлеба!

На золотых приисках случается найти самородок весом в столько-то и столько-то граммов, даже килограммов. ... нет в природе хлеба-самородка. Хлеб сам не родится. Его выращивают золотые руки сеятеля. ..., выращенный таким образом, хлеб становится золотом редчайшего достоинства.

(М. Алексеев.)

99. I. Прочитайте миниатюры Ф. А. Абрамова.

ФЕВРАЛЬ.

В начале февраля весна сделала свой первый налёт. С елей и сосен дождём смыло снег, и те опять зазеленели. И радостно и волнующе запахло оттаявшим кедром.

СОЛОВЬИ.

Вечер. Запели соловьи, и все птицы смолкли. И их заворожило соловьиное пение.

✻ 1. Расскажите, что в этих миниатюрах соединяет союз *и*.

Ф 2. Найдите в миниатюре «Февраль» олицетворение. Проследите, как связано с ним содержание всей миниатюры.

Ф 3. «...Весна сделала свой первый налёт», — пишет Ф. Абрамов. А ещё что может «делать» или «сделать» весна? Составьте предложение или напишите миниатюру о весне, наделив её свойствами живого существа.

II. 1. Прочитайте сведения о художнике Н. М. Ромадине (см. с. 143).

2. Рассмотрите на вклейке репродукцию его картины «Первое цветение».

3. При подготовке подумайте над вопросами.

1) Почему художник назвал так свою картину?

2) Как убеждает нас художник в том, что...

4. Напишите по картине «Первое цветение» сочинение (используйте памятки 4 и 5, с. 146—147).

К. С. Петров-Водкин. «Утренний натюрморт».
(*К упр. 13.*)

В. Д. Поленов. «Московский дворик».
(*К упр. 24.*)

В. Д. Поленов. «Золотая осень».
(*К упр. 27.*)

Ф. П. Толстой. «Букет цветов, бабочка и птичка».
(*К упр. 26.*)

И. С. Остроухов. «Золотая осень».
(*К упр. 28. I.*)

И. И. Шишкин. «Парк в Павловске».
(*К упр. 28. II.*)

Г. Г. Нисский. «Подмосковная зима».
(*К упр. 29.*)

Г. Г. Нисский. «Над снегами».
(*К упр. 31. I.*)

Г. Г. Нисский. «Радуга».
(*К упр. 31. II.*)

А. И. Лактионов. «Письмо с фронта».
(К упр. 56.)

В. И. Терещенко.
Иллюстрация к повести А. Алексина
«Сигнальщики и Горнисты».
(*К упр. 70.*)

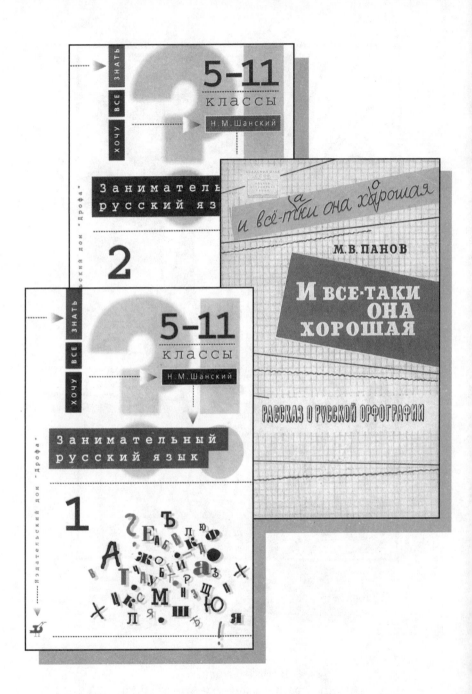

Научно-популярные книги о русском языке (обложки).
(*К упр. 72. II.*)

Иллюстрации-силуэты к басням И. А. Крылова.
(К упр. 75.)

Н. М. Ромадин. «Первое цветение».
(*К упр. 99. II.*)

А. А. Пластов. «Фашист пролетел».
(*К упр. 111.*)

В. Е. Маковский. «Рыбак. Финляндия».
(*К упр. 120. I.*)

В. Д. Поленов. «Заросший пруд».
(*К упр. 120. II.*)

И. И. Левитан. «У омута».
(*К упр. 120. III.*)

И. И. Шишкин. «Пейзаж».
(*К упр. 120. IV.*)

А. А. Рылов. «Зелёный шум».
(К упр. 122.)

100. Напишите стихотворение по памяти. Определите, что связывает в нём выделенный союз *и*.

> Любили тебя без особых причин
> За то, что ты — внук.
> За то, что ты — сын.
> За то, что малыш.
> За то, что растёшь.
> За то, что на папу и маму похож.
> **И** эта любовь до конца твоих дней
> Останется тайной опорой твоей.
>
> (*В. Берестов.*)

Союзы могут соединять предложения в тексте, а также смысловые части текста. Например: *На реке ничто и никогда не повторяется.* ***И сама река тоже каждый час особенная.*** (С. Сартаков.) См. в качестве примеров также текст упр. 99 и 100.

101. Напишите сочинение по данному фрагменту. Подумайте о возможных вариантах начала и продолжения текста, а также о его заглавии.

...На реке стоял полный штиль, безветрие — ни всплёска, ни рябинки. Лазурная безмятежность высокого неба тоже ничего дурного не предвещала. И настроение у экипажа «Ласточки» было бодрое. ...

✱ Докажите, что выделенные слова — союзы.

102. Вспомним наше любимое задание... Какое? — «Подскажите словечко!»

1) За окошком зимний сад.
Там листочки в почках ... .
И листочки те во сне
Размечтались ... .

(*И. Токмакова.*)

2) Ты ждёшь весны!
   Я тоже жду ...
   Она приходит
   ... ...

   (Саша Чёрный.)

3) В небе зори погасли,
   День с собой увели.
   И луна показалась
   Из-за края ... .

   (И. Токмакова.)

✱ 1. Укажите и прокомментируйте морфологические средства связи предложений в каждой строфе.
2. Закончите и запишите предложение:

Морфологические средства связи предложений в тексте — это ... .

103. Прочитайте стихотворные шутки. Укажите в каждой из них лексические и морфологические средства связи предложений.

КОМАРЫ.

Мой приятель Валерий Петров
Никогда не кусал комаров.
Комары же об этом не знали
И Петрова часто кусали.

(О. Григорьев.)

КЕНГУРЯТА.

Носит
Мама-кенгуру
В тёплой сумке
Детвору.
А ребятки-кенгурятки
Целый день
Играют
В прятки.

(Б. Заходер.)

98

104. Прочитайте текст. Проследите, как в нём раскрывается смысл заглавия. Найдите для этого задания другие варианты его формулировки.

СВЯЗАННЫЕ КОРНИ.

Суффиксы и приставки всегда находятся при корне слова, как бы «привязаны» к нему. Корни же самостоятельны: могут употребляться с суффиксами и приставками: *столик, привкус, бессонница* — и без них: *стол, вкус, сон.* Однако в русском языке есть слова, корни которых тоже живут в языке только вместе с суффиксами и приставками, то есть в **связанном** виде.

Связанные корни мы находим в словах: *свергнуть, отвергнуть, низвергнуть; вонзить, пронзить; достигнуть, настигнуть; зрячий, зрение, зрелища, обозреть, обозреватель.* Когда-то давно корни подобных слов употреблялись и самостоятельно, но с течением времени такие слова ушли из языка, а сохранились лишь те, в которых эти корни соединены с суффиксами и приставками. У поэта XIX в. Козьмы Пруткова[1] есть выражение: *«Зри в корень!»* Это выражение архаично. Оно понятно современному человеку, но сказать: *Зри в окно! Кто там идёт?* — нельзя.

(Из «Энциклопедии для детей».)

✳ 1. Укажите лексические и морфологические средства связи предложений в тексте.
2. Перескажите текст подробно, сохраняя особенности научного стиля.

105. Прочитайте. Понаблюдайте, как доказывается в тексте единичность корня *бужен-*.

ЕДИНИЧНЫЙ КОРЕНЬ.

Есть ли суффикс в слове *буженина*? Да. Сравним его со словами *баранина* — мясо барана, *осетрина* — мясо осет-

---

[1] *Козьма́ Прутко́в* — придуман группой единомышленников: братьями Алексеем (1821—1908), Владимиром (1830—1884) и Александром (1826—1896) Жемчужниковыми и их двоюродным братом поэтом Алексеем Константиновичем Толстым (1817—1875).

ра, *конина* — мясо коня. А какой корень в *буженине*? Построим пропорцию: *баранина/баран = буженина/x*.

Чему равен *x*? *Он* равен *бужен-*. Такого слова в русском языке нет. Ни в каком другом слове русского языка корень *бужен-* не встречается. Он не только связанный, но и единичный!

(Из «Энциклопедии для детей».)

✱ Напишите подробное изложение текста, сохраняя особенности научного стиля.

106. Подготовьтесь писать изложение, близкое к тексту.

I. Обратитесь к памятке 3, см. с. 146.

II. Озаглавьте текст.

III. Проследите связь предложений; отметьте сцепляющие слова, укажите среди них наречия и союзы.

Я уже упоминал о зарнице[1].

Чаще всего зарницы бывают в июле, когда созревают хлеба. Поэтому и существует народное поверие, что зарницы «зарят хлеб», — освещают его по ночам — и от этого хлеб наливается быстрее.

Рядом с зарницей стоит в одном поэтическом ряду слово *заря* — одно из прекраснейших слов русского языка.

Это слово никогда не говорят громко. Нельзя даже представить себе, чтобы его можно было прокричать. Потому что оно сродни той устоявшейся тишине ночи, когда над зарослями деревенского сада занимается чистая и слабая синева. «Развидняет», как говорят об этой поре суток в народе.

В этот заревой час низко над самой землёй пылает утренняя звезда. Воздух чист, как родниковая вода.

В заре, в рассвете есть что-то девическое, целомудренное. На зорях трава омыта росой, а по деревням пахнет тёп-

---

[1] В одной из глав повести «Золотая роза» К. Паустовский о слове *зарница* писал: «Самоё звучание этого слова как бы передаёт медленный ночной блеск далёкой молнии».

лым парным молоком. И поют в туманах за околицами пастушьи жалейки[1].

Светает быстро. В тёплом доме тишина, сумрак. Но вот на бревенчатые стены ложатся квадраты оранжевого света, и брёвна загораются, как слоистый янтарь. Восходит солнце.

Заря бывает не только утренняя, но и вечерняя. Мы часто путаем два понятия — закат солнца и вечернюю зарю.

Вечерняя заря начинается, когда солнце уже зайдёт за край земли. Тогда она овладевает меркнущим небом, разливает по нему множество красок — от червонного золота до бирюзы — и медленно переходит в поздние сумерки и в ночь.

Кричат в кустах коростели, бьют перепела, гудит выпь, горят первые звёзды, а заря ещё долго дотлевает над далями и туманами.

(*К. Паустовский.*)

Сравнение можно выразить при помощи союзов *как, будто, как будто, словно, точно* и других.

107. Прочитайте стихотворные строки.

1) Глядит апрель на птичий перелёт
   Глазами синими, как лёд.

   (*Д. Самойлов.*)

2) За рекою в непокое   Будто лёгкие метели
   Вишня расцвела,   Мчались во весь дух,
   Будто снегом за рекою   Будто лебеди летели,
   Стёжку замела.   Обронили пух.

   (*А. Прокофьев.*)

---

[1] *Жалейка* — народный духовой язычковый музыкальный инструмент — деревянная трубка с раструбом из коровьего рога или бересты.

3) Здесь каждая деревня так люба́,
Как будто в ней красоты всей вселенной.

(А. Яшин.)

✱ 1. Укажите союзы; запомните их.
2. Напишите по памяти третий пример.

Обратите внимание: есть простые союзы *как* и *будто*, есть составной союз *как будто*, составленный из двух слов, каждое из которых пишется отдельно, **дефис между ними не нужен**.

108. Прочитайте вслух три варианта одного предложения. Какому из них вы отдадите предпочтение? Почему?

1) И листочки бегут по дорожке,
Будто жёлтые мышки от кошки.

2) И листочки бегут по дорожке,
Словно жёлтые мышки от кошки.

3) И листочки бегут по дорожке,
Точно жёлтые мышки от кошки.

109. Попробуйте объяснить выбор союзов поэтом в следующих предложениях.

1) За балконом —
Сад, прозрачный, лёгкий, **точно** дым.

2) И стоит, **словно** зеркало, пруд,
Отражая свои берега.

(И. Бунин.)

110. На уроках истории вы узнали о первоначальном значении многих слов, в том числе таких, как *рыцарь, турнир, жонглёр, миниатюра*.
Расскажите о каждом из них по плану (письменно).

1. Что обозначало это слово раньше (в средние века)?

2. Какие значения у этого слова появились позднее?

3. Какие словосочетания и предложения с этим словом можно составить? Напишите 2—3 примера.

111. Подготовьтесь писать рассказ на основе картины А. А. Пластова «Фашист пролетел».

I. Используйте памятку 9 (см. с. 149—150).

К п у н к т у 9.
1. Включите в рассказ описание места, где происходит действие, и осеннего пейзажа.
2. Подумайте, почему трагическая гибель мальчика изображена на фоне осенней природы.

3. Постарайтесь показать в рассказе созвучие в настроении природы и человека.

II. Объясните правописание слов.

Озимь, фашистский, бессмысленно, расстрелянный, вслед (уходящему самолёту).

ПОВТОРЕНИЕ.

112. Подготовьтесь писать изложение, близкое к тексту, по отрывку из повести А. П. Чехова «Степь».

I. Обратитесь к памятке 3 на с. 146.

II. При подготовке составьте подробный план, стремитесь в основной части его («Купание Егорушки») использовать как можно больше глаголов из текста.

III. Озаглавьте текст.

Обоз расположился в стороне от деревни на берегу реки. Солнце жгло по-вчерашнему, воздух был неподвижен и уныл. На берегу стояло несколько верб, но тень от них падала не на землю, а на воду, где пропадала даром, в тени же под возами было душно и скучно. Вода, голубая оттого, что в ней отражалось небо, страстно манила к себе. <...>

Егорушка тоже разделся, но не спускался вниз по бережку, а разбежался и полетел с полуторасаженной вышины. Описав в воздухе дугу, он упал в воду, глубоко погрузился, но дна не достал; какая-то сила, холодная и приятная на ощупь, подхватила его и понесла обратно наверх. Он вынырнул и, фыркая, пуская пузыри, открыл глаза; но на реке как раз возле его лица отражалось солнце. Сначала ослепительные искры, потом радуги и тёмные пятна заходили в его глазах; он поспешил опять нырнуть, открыл в воде глаза и увидел что-то мутно-зелёное, похожее на небо в лунную ночь. Опять та же сила, не давая ему коснуться дна и побыть в прохладе, понесла его наверх, он вынырнул и вздохнул так глубоко, что стало просторно и свежо не только в груди, но даже в животе. Потом, чтобы взять от воды всё, что только можно взять, он позволял себе всякую роскошь: лежал на спине и нежился, брызгался, кувыркался, плавал и на животе, и боком, и на спине, и встоячую — как хотел, пока не утомился.

113. Объясните значение слов *витра́ж, гравю́ра, моза́ика, фре́ска.*

Проверьте себя: найдите толкование этих слов в толковых словарях или в словарях иностранных слов, сделайте необходимые выписки.

Укажите, что общего в значении выписанных вами слов, в чём различие; чем это различие объясняется.

 114. Расскажите о морфологических средствах сравнения, комментируя приводимые ниже или самостоятельно подобранные примеры.

1) Узорным чистым полотенцем
   Свисает радуга с берёз.

   (Н. Рубцов.)

2) Девичьи лица ярче роз.

   (А. Пушкин.)

3) Бабочки любых пород
   И различнейшей расцветки.
   Их извилистый полёт
   Наподобие разведки.

   (К. Ваншенкин.)

4) И месяц, будто ломтик дыни,
   Повис над сонною рекой.

   (А. Прокофьев.)

5) Когда тебе придётся туго,
   Найдёшь и сто рублей, и друга —
   Себя найти куда трудней,
   Чем друга или сто рублей.

   (А. Тарковский.)

❋ Укажите в последнем примере фразеологизм; объясните его значение.

115. Подготовьте сообщение на тему «Морфологические средства сравнения»; используйте приводимую ниже схему; подберите примеры из учебника (см. упр. 77, 107, 108, 109, 114) или из других литературных источников.

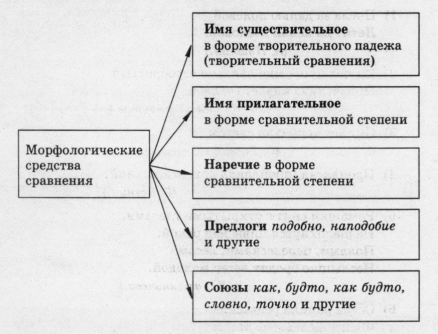

Морфологические средства сравнения

Имя существительное в форме творительного падежа (творительный сравнения)

Имя прилагательное в форме сравнительной степени

Наречие в форме сравнительной степени

Предлоги *подобно, наподобие* и другие

Союзы *как, будто, как будто, словно, точно* и другие

116. I. Рассмотрите рисунок. С чем бы вы сравнили цветок гороха? Почему? Сочините текст-сравнение.

II. Прочитайте текст. Обратите внимание, как он построен. Замените прилагательное *похож* другими языковыми средствами сравнения.

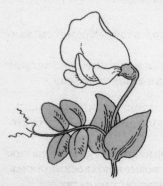

Цветок гороха похож на лодку с парусом. Верхний лепесток его похож на парус, два нижних сросшихся похожи на лодочку, два боковых похожи на два весла.

Слова для выбора: как, напоминать, как будто, наподобие, словно, точно.

106

117. Прочитайте стихотворные строки. Проведите исследование: нет ли в них скрытых сравнений. Своё мнение аргументируйте.

1) Пчела за данью полевой
   Летит из кельи восковой.

   (А. Пушкин.)

2) Из-под куста мне ландыш серебристый
   Приветливо кивает головой.

   (М. Лермонтов.)

3) Сыплет черёмуха снегом.

   (С. Есенин.)

4) Проплясал, проплакал дождь весенний.

   (С. Есенин.)

5) Ромашки спят с открытыми глазами,
   Не шелохнутся нивы над рекой.
   Полями, перелесками, лесами
   Неслышно бродит ветер молодой.

   (Л. Татьяничева.)

6) Осень ранняя развесила
   Флаги жёлтые по вязам.

   (А. Ахматова.)

1. Спишите второй пример. Вспомните, из какого стихотворения эти строки. Напишите его заглавие. Как называются заглавия такого типа?
2. Назовите сначала метафоры, потом — олицетворения. В чём, по-вашему, их сходство? А различие?

118. I. Кто из нас не наслаждался красотой и ароматом ландышей? Вспомните!
Составьте несколько предложений или напишите миниатюру о ландышах, используя метафоры или олицетворения.

II. 1. Принесите на урок несколько веток только что распустившейся сирени или какого-либо другого цветущего растения, в том числе и комнатного.

2. Подберите наиболее точные и яркие эпитеты к названию цветов, которыми вы любовались и, возможно, восхищались.
3. Напишите об этих цветах (или о цветке) миниатюру.

119. 1. Повторите § 1.

2. Подготовьте сообщение (доклад) в научном стиле на тему «Что я знаю о тексте». Для иллюстраций основных признаков текста используйте миниатюру Ф. А. Абрамова или самостоятельно подобранные примеры.

ПОГОЖИМ ЛЕТОМ.

Нынче каждая травка, каждая былинка расцвела, во всей своей красоте себя выявила. Всё необычно большое, сочное. Головка у розовой кашки, как колокол, мятлик в грудь, жёлтое блюдце ромашки, как солнце на стебле, а мышиный горошек, нежный мышиный горошек — просто колючая проволока. Словом, на земле, как в какой-то волшебной стране: все непривычно большое, высокое.

120. I. 1. Прочитайте сведения о художнике В. Е. Маковском (см. с. 141).

2. Рассмотрите на вклейке репродукцию его картины «Рыбак. Финляндия».

3. Напишите по ней сочинение (используйте памятки 4 и 5, с. 146—147).

При подготовке подумайте над вопросами.

1. Почему картина названа «Рыбак», а не «Рыбаки»? Кто они, эти два человека, сидящие в лодке посреди озера? О чем «говорит» их возраст, одежда?

2. Как они готовились к рыбалке? Какой ответ на этот вопрос можно предположить?

3. Как убеждает нас художник в том, что кругом — первозданная тишина; что рыбаки занимаются своим делом увлечённо?

II. 1. Прочитайте сведения о художнике В. Д. Поленове (см. с. 143).

2. Рассмотрите на вклейке репродукцию его картины «Заросший пруд».

3. Напишите по ней сочинение (используйте памятки 4 и 5, с. 146—147).

III. 1. Прочитайте сведения о художнике И. И. Левитане (см. с. 140—141).

2. Рассмотрите на вклейке репродукцию его картины «У омута».

3. Напишите сочинение по этой картине.

IV. 1. Прочитайте сведения о художнике И. И. Шишкине (см. с. 144).

2. Рассмотрите на вклейке репродукцию его картины «Пейзаж».

3. Напишите сочинение по этой картине.

121. 1. Прочитайте текст; озаглавьте его.

2. Исправьте оплошность иностранца: о чём и как он должен был спросить незнакомых ему людей, чтобы получить нужные сведения?

3. Напишите изложение, близкое к тексту; обратитесь к памятке 3, с. 146.

Однажды в редакцию журнала, где работал писатель Борис Степанович Житков, зашёл какой-то иностранец и спросил по-английски:

— Кто здесь у вас говорит по-английски?

— Никто, — на английском языке ответил Житков.

— А по-немецки?

Житков ответил на немецком языке, что и по-немецки здесь никто не говорит.

— Тогда, может быть, по-французски?

— Нет, никто, — на французском языке ответил Борис Степанович. Иностранец очень расстроился.

— А что случилось-то? — спросил Житков.

Иностранец, оказывается, заблудился: не может найти дорогу в гостиницу.

Житков объяснил ему, как добраться до гостиницы, сначала по-английски, потом по-немецки, наконец, по-французски.

— Что же вы меня обманули? Почему сразу не сказали, что говорите по-английски, по-французски, по-немецки?

Житков ответил ему:

— Когда мы приезжаем в Англию, то там говорим по-английски, во Францию — по-французски, в Германию — по-немецки. А здесь мы все говорим по-русски.

И посоветовал иностранцу выучить русский язык.

(В. Некрасов.)

122. 1. Повторите § 2; рекомендации к описанию общего вида местности см. на с. 20, 21.

2. Прочитайте сведения о художнике А. А. Рылове (см. с. 143—144).

3. Рассмотрите на вклейке репродукцию его картины «Зелёный шум». Понаблюдайте, как художник убеждает нас в том, что день, запечатлённый на картине, ветреный, но солнечный; что берег, на котором шумят листвой могучие берёзы и сгибаются от ветра молодые деревца, — крутой, высокий; что с него открывается прекрасная панорама. Всмотритесь в цветовую гамму картины.

4. Напишите сочинение по картине А. А. Рылова «Зелёный шум».

123. Прочитайте словарную статью и отрывки из текстов; назовите их общую (широкую) тему.

Экология (от греч. *экоз* — дом, жилище, местопребывание и *логия* — учение) — наука об отношениях растительных и животных организмов и образуемых ими сообществ между собой и с окружающей средой. <...>

В XX веке в связи с загрязнением окружающей среды и усилившимся воздействием человека на природу экология приобрела особое значение.

(Из «Большого энциклопедического словаря».)

Мы верим — настанет час, когда страны будут гордиться своими свежими листьями, росой и ночной прохладой, запахами своих туманов и освежающих болот. Мы верим, что школьники будут писать по слогам: *Воздух — наш отец. Вода — мать. Земля — дом. Роса — национальное сокровище.*

(*Из «Экологического манифеста».*)

НОЧНАЯ ЛАСТОЧКА.

Кто белой ночью ласточку вспугнул, —
Полёт ли дальнего ракетоносца,
Или из бездны мирозданья гул,
Неслышный нам, в гнездо её донесся?

Она метнулась в воздухе ночном,
И крылья цвета воронёной стали
Цветущий мир, дремавший за окном,
Резнули дважды по диагонали.

Писк судорожный, звуковой надрез
Был столь пронзителен, как будто разом
Стекольщик некий небеса и лес
Перекрестил безжалостным алмазом.

И снова в соснах дремлет тишина,
И ели — как погашенные свечи,
И этот рай, что виден из окна,
Ещё прекрасней, ибо он не вечен.

(*В. Шефнер.*)

Если мы серьёзно не поймём, что всё живое на этой земле родственно связано одной колыбелью, которую мы называем природа, если мы не прекратим разрушение собственного дома, то человек останется смертельно одиноким в унылой пустыне.

(*Ю. Бондарев.*)

✻ 1. Определите стиль каждого текста; укажите средства языка, характерные для данного стиля.

2. Используя таблицу «Стили речи» (см. с. 114—115), систематизируйте свои знания о каждом стиле речи.

124. 1. Прочитайте и напишите по памяти эпиграфы к нашему учебнику.

2. Подготовьте выразительное чтение стихотворения М. Дудина «Заклинание с полюса» (см. памятку 1, с. 145).

Обратите внимание: **«Заклинание»**, то есть страстная мольба, просьба.

ЗАКЛИНАНИЕ С ПОЛЮСА.

Берегите Землю!
Берегите
Жаворонка в голубом зените,
Бабочку на стеблях повилики[1],
На тропинке солнечные блики,
На камнях играющего краба,
Над пустыней тень от баобаба,
Ястреба, парящего над полем,
Ясный месяц над речным покоем,
Ласточку, мелькающую в жите[2].
Берегите Землю!

Берегите
Чудо песен
Городов и весей[3],
Мрак глубин и волю поднебесий,
Старости последнюю отраду —
Женщину, бегущую к детсаду,
Нежности беспомощное пенье
И любви железное терпенье.
Берегите молодые всходы
На зелёном празднике природы,
Небо в звёздах, океан и сушу
И в бессмертье верящую душу, —
Всех судеб связующие нити.
Берегите Землю!

---

[1] *Повилика* — сорное растение без листьев и корней, обвивающее своим нитевидным стеблем другие растения.

[2] *Жито* — всякий хлеб в зерне или на корню.

[3] *Весь* (устар.) — деревня, село. Вспомните фразеологизм — *по городам и весям.*

112

Берегите
Времени крутые повороты,
Радость вдохновенья и работы,
Древнего родства живые свойства,
Дерево надежд и беспокойства,
Откровение земли и неба —
Сладость жизни, молока и хлеба.
Берегите доброту и жалость,
Чтоб они за слабого сражались.
Берегите будущего ради
Это слово из моей тетради.
Всё дарю!
И всё от вас приемлю!
Только
Берегите
Эту
Землю!

Как работать с таблицей	План характеристики стиля	Разговорный
1. Прочитайте план характеристики стиля речи. Доказывая принадлежность текста к тому или другому стилю, пользуйтесь этим планом	**I. Цель высказывания**	Общение, обмен мыслями
	II. Сфера применения: в устной речи	Беседа в кругу близких людей, в неофициальной обстановке
	в письменной речи	Дружеские письма, послания
2. Материал, необходимый для заполнения п. III (средства языка), собирайте на всех уроках, в том числе русского языка, литературы, развития речи. Самые необходимые сведения найдёте в текстах данного учебника	**III. Средства языка, характерные для стиля:** лексические и фразеологические морфологические синтаксические	

речи

	Книжные		
Научный	**Официально-деловой**	**Публицис-тический**	**Художест-венный**
Сообщение, передача научной информации	Сообще-ние, пере-дача дело-вой инфор-мации	Воздейст-вие на слу-шателей или читате-лей	Воздейст-вие на слу-шателей или чита-телей про-изведения
Уроки, лекции, доклады	Объявле-ние (напри-мер, по ра-дио, теле-видению)	Выступле-ния на ми-тингах, со-браниях, съездах, по радио, теле-видению	Произведе-ния устно-го народно-го творче-ства
Учебники, словари, эн-циклопедии, научные и на-учно-популяр-ные книги, ре-фераты	Законы, докумен-ты, объяв-ление	Статьи в га-зетах, жур-налах	Произведе-ния худо-жествен-ной лите-ратуры

ПРИЛОЖЕНИЕ.

Рассказы
(для написания отзыва о них).

ЖИВОЕ ПЛАМЯ.

Тётя Оля заглянула в мою комнату, опять застала за бумагами и, повысив голос, повелительно сказала:

— Будет писать-то! Поди проветрись, клумбу помоги разделать.

Тётя Оля достала из чулана берестяной короб. Пока я с удовольствием разминал спину, взбивая граблями влажную землю, она, присев на завалинку и высыпав себе на колени пакетики и узелки с цветочными семенами, разложила их по сортам.

— Ольга Петровна, а что это, — замечаю я, — не сеете вы на клумбах маков?

— Ну, какой из мака цвет! — убеждённо ответила она. — Это овощ. Его на грядках вместе с луком и огурцами сеют.

— Что вы! — рассмеялся я. — Ещё в какой-то старинной песенке поётся:

А лоб у неё, точно мрамор, бел.

А щёки горят, будто маков цвет.

— Цветом он всего два дня бывает, — упорствовала Ольга Петровна. — Для клумбы это никак не подходит: пыхнул — и сразу сгорел. А потом всё лето торчит эта самая колотушка, только вид портит.

Но я всё-таки сыпанул тайком щепотку мака на самую середину клумбы. Через несколько дней она зазеленела.

— Ты маков посеял? — подступилась ко мне тётя Оля. — Ах, озорник ты этакий! Так уж и быть, тройку оставила, тебя пожалела. А остальные все выполола.

Неожиданно я уехал по делам и вернулся только через две недели. После жаркой, утомительной дороги было приятно войти в тихий старенький домик тёти Оли. От свежевымытого пола тянуло прохладой. Разросшийся под окном жасминовый куст ронял на письменный стол кружевную тень.

— Квасу налить? — предложила она, сочувственно оглядев меня, потного и усталого. — Алёша очень любил квас. Бывало, сам по бутылкам разливал и запечатывал.

Когда я снимал эту комнатку, Ольга Петровна, подняв глаза на портрет юноши в лётной форме, что висит над письменным столом, спросила:

— Не мешает?

— Что вы!

— Это мой сын Алексей. И комната была его. Ну, ты располагайся, живи на здоровье.

Подавая мне тяжёлую медную кружку с квасом, тётя Оля сказала:

— А маки твои поднялись, уже бутоны выбросили.

Я пошёл смотреть на цветы. Клумба стала неузнаваемой. По самому краю расстилался коврик, который своим густым покровом с разбросанными по нему цветами очень напоминал настоящий ковёр. Потом клумбу опоясывала лента маттиол — скромных ночных цветков, привлекающих к себе не яркостью, а нежно-горьковатым ароматом, похожим на запах ванили. Пестрели куртинки жёлтофиолетовых анютиных глазок, раскачивались на тонких ножках пурпурно-бархатные шляпки парижских красавиц. Было много и других знакомых и незнакомых цветов. А в центре клумбы над всей этой пестротой поднялись мои маки, выбросив навстречу солнцу три тугих, тяжёлых бутона.

Распустились они на другой день.

Тётя Оля вышла поливать клумбу, но тотчас вернулась, громыхая пустой лейкой.

— Ну, иди смотри, зацвели.

Издали маки походили на зажжённые факелы с живыми, весело полыхающими на ветру языками пламени. Лёгкий ветер чуть колыхал, а солнце пронизывало светом полупрозрачные алые лепестки, отчего маки то вспыхивали трепетно-ярким огнём, то наливались густым багрянцем. Казалось, что стоит только прикоснуться — сразу опалят.

Маки слепили своей озорной, обжигающей яркостью, и рядом с ними померкли, потускнели все эти парижские красавицы, львиные зевы и прочая цветочная аристократия.

Два дня буйно пламенели маки. И на исходе вторых суток вдруг осыпались и погасли. И сразу на пышной клумбе без них стало пусто. Я поднял с земли ещё совсем свежий, в капельках росы, лепесток и расправил его на ладони.

— Вот и всё, — сказал я громко, с чувством ещё не остывшего восхищения.

— Да, сгорел... — вздохнула, словно по живому существу, тётя Оля. — А я как-то раньше без внимания к маку-то этому. Короткая у него жизнь. Зато без оглядки, в полную силу прожита. И у людей так бывает...

Тётя Оля, как-то сгорбившись, вдруг заторопилась в дом.

Мне уже рассказывали о её сыне. Алексей погиб, спикировав на своём крошечном «ястребке» на спину тяжёлого фашистского бомбардировщика.

Я теперь живу в другом конце города и изредка заезжаю к тёте Оле. Недавно я снова побывал у неё. Мы сидели за летним столиком, пили чай, делились новостями. А рядом на клумбе полыхал большой костёр маков. Одни осыпались, роняя свои огненные языки. А снизу, из влажной, полной жизненной силы земли, подымались всё новые и новые туго свёрнутые бутоны, чтобы не дать погаснуть живому огню.

(Е. Носов.)

РАЗВЕДЧИК ВИХРОВ.

Он стоял перед капитаном — курносый, скуластый, в куцем пальтишке с рыжим воротником из шерстяного бобрика. Его круглый носик побагровел от студёного степного суховея. Обшелушенные, посинелые губы неудержимо дрожали, но тёмные грустные глаза пристально и почти строго смотрели в лицо капитана.

Он, казалось, не замечал и не обращал внимания на краснофлотцев, которые, любопытствуя, обступили его, необычного тринадцатилетнего гостя батареи — этого сурового мира взрослых, опалённых порохом людей. Обут он был не по погоде: в серые парусиновые туфли, протёртые на носках, и всё время переминался с ноги на ногу, пока капитан читал препроводительную записку, принесённую из штаба участка связным краснофлотцем, приведшим мальчика.

«...Был задержан на рассвете у переднего края постом наблюдения... по его показаниям — в течение двух недель собирал сведения о немецких частях в районе совхоза «Новый путь»... направляется к вам, как могущий дать ценные данные батарее...»

Капитан сложил записку и сунул её за борт полушубка. Мальчик продолжал спокойно и выжидательно смотреть на него.

— Как тебя зовут?

Мальчик откинул голову, выпрямился и попытался щёлкнуть каблуками, но его лицо дрогнуло и перекосилось от боли, он испуганно глянул на свои ноги и понурился.

— Коля... Николай Вихров, товарищ капитан, — поправился он.

Капитан тоже посмотрел на его ноги, на порванные туфли и поёжился от озноба.

— Мокроступы у тебя не по сезону, товарищ Вихров. Ноги застыли?

— Немножко, — застенчиво и печально сказал мальчик и ещё больше потупился.

Он изо всех сил старался держаться бодро. Капитан подумал о том, как он шёл всю ночь в этих туфлях по железной от мороза степи, и невольно пошевелил пальцами в своих высоких теплых бурках. Погладив мальчика по лиловой щеке, он мягко сказал:

— Не грусти! У нас другая мода на обувь... Лейтенант Козуб!

Выскочив из-за кучки краснофлотцев, маленький весёлый лейтенант козырнул капитану.

— Прикажите баталеру немедленно подыскать и доставить ко мне в каземат валенки самого малого размера.

Козуб рысью помчался исполнять приказание. Капитан тронул мальчика за плечо:

— Пойдём в мою хату. Обогреешься — поговорим.

В командирском каземате, треща и гудя, пылала печь. Дневальный помешивал кочерёжкой прозрачные, налитые золотым жаром головешки. Розовые зайчики гонялись друг за другом по стене. Капитан снял полушубок и повесил у двери. Мальчик, озираясь, стоял у притолоки. Вероятно, его поразила сводчатая уютная подземная комната, сверкающая белизной риполина, залитая сильным светом подволочной лампы.

— Раздевайся, — предложил капитан, — у меня жарко, как в Артеке на пляже. Грейся!

Мальчик сбросил пальтишко, аккуратно свернул его подкладкой наружу и, привстав на цыпочки, повесил поверх капитанского полушубка. Капитану, наблюдавшему за ним, понравилась эта бережливость к одежде. Без пальто мальчик оказался головастым и худым. И капитан подумал, что он долго и крепко недоедал.

— Садись. Сперва закусим, потом дело. А то ты натощак, пожалуй, и рта не раскроешь. Чай любишь крепкий?

Капитан доверху налил толстую фаянсовую чашку тёмной ароматной жидкостью, неторопливо отрезал ломоть буханки, намазал на него масла в палец толщиной и увенчал это сооружение пластом копчёной грудинки. Мальчик почти испуганно смотрел на этот гигантский бутерброд.

— Не пугайся, — сказал капитан, подвинув тарелку, — клади сахар.

И он толкнул по столу отпилок шестидюймовой гильзы, набитый синеватыми, искрящимися кусками рафинада. Мальчик посмотрел на него испытующим, осторожным взглядом, выбрал кусочек поменьше и положил рядом с чашкой.

— Ого! — засмеялся капитан. — Это не по правилам. У нас, брат, так чай не пьют. У нас заправляют на полный заряд. А это только порча напитка.

И он с плеском бросил в кружку увесистую глыбу сахара. Худенькое лицо мальчика неожиданно сморщилось, и на стол закапали огромные, неудержимые слёзы. Капитан тяжело вздохнул, придвинулся и обнял гостя за костлявые плечи.

— Полно! — произнёс он весело. — Брось! Что там было, то было, тут тебя никто не обидит. У меня, понимаешь, у самого вот такой же малец дома остался. Вся и разница, что Юркой зовут. А то всё такое же — и веснушки, и нос пуговицей.

Мальчик быстрым и стыдливым жестом смахнул слёзы.

— Я ничего, товарищ капитан... Я не за себя разрюмился... Я стойкий. А вот маму вспомнил...

— Вон что, — протянул капитан, — так мама жива?

— Жива, — глаза мальчика засветлели. — Только голодно у нас. Мама по ночам у немецкой кухни картофельные ошурки подбирает. Но раз часовой застал. По руке прикладом хватил. До сих пор рука не гнётся.

Он стиснул губы, и из глаз его уплыла детская мягкость. Они блеснули остро и жёстко. Капитан погладил его по голове:

— Потерпи! Выручим маму, и всех выручим. Ложись вздремни.

Мальчик умоляюще посмотрел на него:

— Я не хочу... Потом. Сперва расскажу про них.

В его голосе прозвучал такой накал упорства, что капитан не стал настаивать. Он пересел к другому краю стола и вынул блокнот.

— Ладно, давай... Сколько, по-твоему, немцев в районе совхоза?

Мальчик мотнул головой и сказал быстро, без запинки:

— Пехоты один батальон. Баварцы. Сто семьдесят шестой полк двадцать седьмой пехотной дивизии. Прибыл на фронт из Голландии.

— О! Откуда ты знаешь? — спросил капитан, удивлённый обстоятельностью и точностью ответа.

— А как же. Я ж цифры на погонах смотрел. И слушал, как они разговаривали. Я по-немецки могу, я в школе хорошо учился... Рота мотоциклистов-автоматчиков. Взвод средних танков на свиноферме. По северному краю бахчи стрелковые окопы полного профиля. Танковое вооружение — калибр примерно пятьдесят миллиметров. Два дота у них там. Здорово укрепились, товарищ капитан. Десять дней грузовиками цемент таскали. Сто девять грузовиков ввалили. Я из окошка подглядывал.

— Можешь точно указать расположение дотов? — спросил капитан, подаваясь вперёд. Он понял, что перед ним сидит не обыкновенный мальчик, от которого можно узнать только самые общие сведения, а очень зоркий, сознательный и точный разведчик.

— Конечно, могу... Первый — на бахче, за старым током, где курганчик. А другой...

— Стоп! — прервал капитан. — Это здорово, что ты всё так рассмотрел и запомнил. Но, понимаешь, мы же в твоём совхозе не бывали и не жили. Где бахча, где ток, нам неизвестно. А береговые десятидюймовые пушки, дружок, — не игрушка. Начнём наугад гвоздить, много лишнего попортить можем без толку, пока в точку угодим. А там ведь и наши люди есть... И мама твоя... Ты нарисовать это сумел бы?

Мальчик вскинул голову. В его взгляде было недоумение.

— Так разве у вас, товарищ капитан, карты нет?

— Карта есть... да ты в ней разберёшься ли?

— Вот ещё, — сказал мальчик с негодованием. — Папа же мой — геодезист. Я сам карты чертить могу. Не очень чисто, конечно... Папа теперь тоже в армии, у сапёров командир, — добавил он с гордостью.

— Выходит, что ты не мальчик, а клад, — пошутил капитан, развёртывая на столе штабную полукилометровку. Мальчик встал коленками на стул и нагнулся над картой. Он долго смотрел, потом лицо его просияло, и он ткнул в карту пальцем.

— Да вот же! — сказал он, счастливо улыбаясь. — Как на ладошке. Карта у вас какая хорошая! Подробная, как план. Всё видно. Вот тут, за оврагом, и есть старый ток.

Он безошибочно разбирался в карте, и вскоре частокол красных крестиков, нанесённых рукой капитана, испятнал карту, засекая цели. Капитан удовлетворённо откинулся на спинку стула.

— Очень хорошо, Коленька! — Он одобрительно погладил руку мальчика. — Просто здорово!

И, почувствовав непосредственную сердечность ласки, мальчик, на мгновение вернувшись в детство, по-ребячьи нежно прижался щекой к капитанской ладони. Капитан грустно покачал головой и сложил карту.

— А теперь, товарищ Вихров, в порядке дисциплины — спать!

Мальчик не противился. Сытная еда, тепло и только что законченная работа клонили его ко сну. Ресницы его слипались. Он сладко зевнул. Капитан уложил его на койку и накрыл полушубком. Мальчик мгновенно заснул. Капитан постоял над ним в раздумье, вспоминая сына и жену, вернулся к столу и сел за составление исходных расчётов для огня. Он увлёкся и не замечал времени. Тихий оклик заставил его оглянуться. Мальчик сидел на койке. Лицо у него было тревожное.

— Товарищ капитан, который час?

— Спи! Плюнь на время. Начнётся тарарам — разбудим.

Но мальчик не успокоился. Его лицо потемнело. Он заговорил настойчиво и торопясь:

— Нет, нет! Мне же назад надо! Я маме обещал. Она будет думать, что меня убили. Как стемнеет, я пойду.

Капитан изумился. Он не допускал и мысли, что мальчик собирается снова проделать страшный путь по ночной степи, который случайно удался ему однажды. Капитану показалось, что его гость ещё не совсем проснулся и говорит спросонок.

— Чепуха! — сказал он. — Кто это тебя пустит? Если даже не попадёшься немцам, то можешь случайно угодить в совхозе под наши снаряды. Только об этом я мечтал, чтоб тебя ухлопать в благодарность. Не дури! Спи!

Мальчик насупился и покраснел:

— Я немцам не попадусь. Они по ночам не ходят. Мороза боятся, дрыхнут. А я каждую тропочку наизусть... Пожалуйста, пустите!

Он просил упрямо и неотступно, почти испуганно, и капитану на мгновение пришла мысль: «А что, если вся эта история с появлением мальчугана и его рассказ — обдуманная комедия и обман?» Но, взглянув в ясные, печальные глаза, он устыдился своего подозрения.

— Вы же знаете, товарищ капитан, немцы никому не позволяют уходить из совхоза. Нагрянут случайно для проверки — меня нет, они на маме выместят.

В его голосе слышалась недетская тоска. Он явно волновался за судьбу матери.

— Не нервничай! Всё понял, — сказал капитан, вынимая часы, — то, что думаешь о маме, — это очень хорошо... Сейчас шестнадцать тридцать. Мы пройдёмся с тобой на наблюдательный пункт и ещё раз сверим всё. А когда стемнеет, я обещаю, что ребята тебя проводят как можно дальше. Ясно?

На наблюдательном пункте, вынесенном к пехотным позициям, капитан сел к дальномеру. Он увидел холмистую крымскую степь, покрытую серо-жёлтыми полосами снега, нанесённого ветрами в балочки. Рябиновый свет заката умирал над степью. На горизонте темнели узкой полоской сады далёкого совхоза. Капитан долго разглядывал массивы этих садов и белые крапинки зданий между ними. Потом подозвал мальчика:

— А ну-ка, взгляни! Может, маму увидишь.

Улыбнувшись шутке, мальчик нагнулся к окулярам. Капитан медленно ворочал штурвальчик горизонтальной наводки, показывая гостю панораму родных мест. Внезапно мальчик, ахнув, отшатнулся от окуляра и затеребил рукав капитана.

— Скворечня! Моя скворечня, товарищ капитан. Честное слово!

Удивлённый капитан заглянул в окуляр. Над сеткой оголённых тополевых верхушек, над зелёной крышей в пятнах ржавчины темнел крошечный квадратик на высоком шесте. Капитан видел его очень отчётливо на тёмно-серой ткани туч. Он поднял голову и несколько минут просидел, сдвинув брови. Неясная мысль, возникшая в его мозгу при виде скворечни, становилась всё устойчивее. Он взял мальчика под руку, отвёл его в сторону и тихо заговорил с ним.

— Понял? — спросил он, окончив разговор, и мальчик, весь просияв, кивнул головой.

Небо потемнело. С моря потянуло колючим холодком зимнего ветра. Капитан повёл мальчика по ходу сообщения на передний край. Там он рассказал вкратце всё дело командиру роты и просил скрытно вывести мальчика на подходы к совхозу. Два краснофлотца канули с мальчиком в темноту, и капитан смотрел вслед, пока не перестали белеть новые валенки, принесённые из баталерки по приказанию капитана. Было тихо, но капитан тревожно вслушивался — не загремят ли нежданные выстрелы. Выждав с полчаса, он ушёл к себе на батарею.

Ночью ему не спалось. Он пил много чаю и читал. Перед рассветом пошёл на наблюдательный пункт. И как только в серой дымке наступающего дня различил тёмный квадратик на шесте, к нему пришло хорошее боевое спокойствие. Он подал команду. Ахнув над степью грузным ударом, прокатился пристрелочный залп башни. Его гром долго висел над пустой степью. Капитан, не отрываясь, смотрел в окуляры и увидел ясно, как качнулся на шесте тёмный квадратик. Дважды... и после паузы в третий раз.

— Перелёт... вправо, — перевел капитан и скомандовал поправку. На этот раз скворечня осталась неподвижной, и капитан перешёл на поражение обеими башнями. С привычной зоркостью артиллериста он видел, как в туче разрывов полетели кверху глыбы бетона и бревна. Он усмехнулся и после трёх залпов перенёс огонь на следующую цель. И снова скворечня вела с ним дружеский разговор на понятном только ему языке. В третью очередь огонь обрушился туда, где красный крестик на карте отметил склад горючего и боезапасов. На этот раз капитан накрыл цель с первого залпа. Над горизонтом пронеслась широкая полоса бледного пламени. Могучей, курчавящейся шапкой встал дым, пепельный, коричневый, озарённый снизу молниями. В нём исчезло всё — деревья, крыши, шест с тёмным квадратиком. Взрыв тряхнул почву, как землетрясение, и капитан с тревогой подумал о том, что он натворил в совхозе.

Запищал зуммер. С рубежа просили прекратить огонь. Моряки вышли в атаку и уже рвались в немецкие окопы. Тогда капитан передал команду Козубу, вскочил в приготовленный мотоцикл и в открытую помчался по полю. Его гнало нетерпение. От совхоза доносились пулемётный треск и щелчки гранат. Немцы, ошеломлённые мощью и меткостью огневого удара батареи, потеряв опорные точки, сопротивлялись слабо и отходили. Бросив мотоцикл, капитан открыто побежал полем к околице по тому месту, где накануне появление человека вызывало шквал свинца.

С околицы уже мигали весёлые красные огоньки семафорных флажков, докладывая об отходе противника. Над садами плыл серебристый дым горящего бензина, и в нём глухо рычали рвущиеся боезапасы. Капитан торопился к зелёной крыше, среди надломленных тополей. Ещё издали он увидел у калитки вышедшую женщину, закутанную в платок. За её руку держался мальчик. Увидев бегущего капитана, он рванулся ему навстречу. Капитан с хода подхватил его, вскинул в воздух и стал целовать в щёки, в губы, в глаза. Но мальчику, видимо, не хотелось в эту минуту быть маленьким. Он изо всех сил упирался руками в грудь капитана и рвался из его объятий. Капитан выпустил его.

126

Коля отступил и с нескрываемой гордостью, приложив руку к шапке, доложил:

— Товарищ капитан, разведчик батареи Николай Вихров боевое задание выполнил.

— Молодец, Николай Вихров, — сказал капитан, — благодарю за службу!

Подошедшая женщина с потухшими глазами и усталой улыбкой застенчиво протянула руку капитану.

— Здравствуйте! Он так вас ждал! Так ждал... Мы все ждали. Спасибо вам, родные!

Она поклонилась капитану глубоким русским поклоном. Коля переводил взгляд с матери на капитана и улыбался.

— Отлично справился!.. А небось, страшновато было на чердаке, когда снаряды сыпались? — спросил капитан, привлекая его к себе.

— Ой! Как ещё страшно, товарищ капитан, — ответил мальчик чистосердечно-наивно, — как первые снаряды ударили — всё зашаталось, вот-вот провалится. Я чуть с чердака не махнул. Только стыдно стало. Дрожу, а сам себе говорю: «Сиди! Сиди! Не имеешь права!» Так и досидел, пока боезапас рванул... Тогда сам не помню, как вниз скатился!

Он захлебнулся от наплыва ощущений, сконфузился и уткнулся лицом в полушубок капитана, маленький русский человек, тринадцатилетний герой с большим сердцем, сердцем своего народа.

(Б. Лавренёв.)

БАБКА.

Бабка была тучная, широкая, с мягким, певучим голосом. В старой вязаной кофте, с подоткнутой за пояс юбкой расхаживала она по комнатам, неожиданно появляясь перед глазами как большая тень.

— Всю квартиру собой заполонила!.. — ворчал Борькин отец.

А мать робко возражала ему:

— Старый человек... Куда же ей деться?

— Зажилась на свете... — вздыхал отец. — В инвалидном доме ей место — вот где!

Все в доме, не исключая и Борьки, смотрели на бабку как на совершенно лишнего человека.

* * *

Бабка спала на сундуке. Всю ночь она тяжело ворочалась с боку на бок, а утром вставала раньше всех и гремела в кухне посудой. Потом будила зятя и дочь:

— Самовар поспел. Вставайте! Попейте горяченького-то на дорожку...

Подходила к Борьке:

— Вставай, батюшка мой, в школу пора!

— Зачем? — сонным голосом спрашивал Борька.

— В школу зачем? Тёмный человек глух и нем — вот зачем!

Борька прятал голову под одеяло:

— Иди ты, бабка...

— Я-то пойду, да мне не к спеху, а вот тебе к спеху.

— Мама! — кричал Борька. — Чего она тут гудит над ухом, как шмель?

— Боря, вставай! — стучал в стенку отец. — А вы, мать, отойдите от него, не надоедайте с утра.

Но бабка не уходила. Она натягивала на Борьку чулки, фуфайку. Грузным телом колыхалась перед его кроватью, мягко шлёпала туфлями по комнатам, гремела тазом и всё что-то приговаривала.

В сенях отец шаркал веником.

— А куда вы, мать, галоши дели? Каждый раз во все углы тыкаешься из-за них!

Бабка торопилась к нему на помощь.

— Да вот они, Петруша, на самом виду. Вчерась уж очень грязны были, я их обмыла и поставила.

Отец хлопал дверью. За ним торопливо выбегал Борька.

На лестнице бабка совала ему в сумку яблоко или конфету, а в карман чистый носовой платок.

— Да ну тебя! — отмахивался Борька. — Раньше не могла дать! Опоздаю вот...

Потом уходила на работу мать. Она оставляла бабке продукты и уговаривала её не тратить лишнего:

— Поэкономней, мама. Петя и так сердится: у него ведь четыре рта на шее.

— Чей род — того и рот, — вздыхала бабка.

— Да я не о вас говорю! — смягчалась дочь. — Вообще расходы большие. Поаккуратнее, мама, с жирами. Боре пожирней, Пете пожирней...

Потом сыпались на бабку другие наставления. Бабка принимала их молча, без возражений.

Когда дочь уходила, она начинала хозяйничать. Чистила, мыла, варила, потом вынимала из сундука спицы и вязала. Спицы двигались в бабкиных пальцах то быстро, то медленно — по ходу её мыслей. Иногда совсем останавливались, падали на колени, и бабка качала головой:

— Так-то, голубчики мои... Не просто, не просто жить на свете!

Приходил из школы Борька, сбрасывал на руки бабке пальто и шапку, швырял на стул сумку с книгами и кричал:

— Бабка, поесть!

Бабка прятала вязанье, торопливо накрывала на стол и, скрестив на животе руки, следила, как Борька ест. В эти часы как-то невольно Борька чувствовал бабку своим, близким человеком. Он охотно рассказывал ей об уроках, товарищах.

Бабка слушала его любовно, с большим вниманием, приговаривая:

— Всё хорошо, Борюшка: и плохое и хорошее хорошо. От плохого человек крепче делается, от хорошего душа у него зацветает.

Иногда Борька жаловался на родителей:

— Обещал отец портфель. Все пятиклассники с портфелями ходят!

Бабка обещала поговорить с матерью и выговаривала Борьке портфель.

Наевшись, Борька отодвигал от себя тарелку:

— Вкусный кисель сегодня! Ты ела, бабка?

— Ела, ела, — кивала головой бабка. — Не заботься обо мне, Борюшка, я, спасибо, сыта и здрава.

Потом вдруг, глядя на Борьку выцветшими глазами, долго жевала она беззубым ртом какие-то слова. Щёки её покрывались рябью, и голос понижался до шёпота:

— Вырастешь, Борюшка, не бросай мать, заботься о матери. Старое что малое. В старину говаривали: трудней всего три вещи в жизни — богу молиться, долги платить да родителей кормить. Так-то, Борюшка, голубчик!

— Я мать не брошу. Это в старину, может, такие люди были, а я не такой!

— Вот и хорошо, Борюшка! Будешь поить-кормить да подавать с ласкою? А уж бабка твоя на это с того света радоваться будет.

— Ладно. Только мёртвой не приходи, — говорил Борька.

После обеда, если Борька оставался дома, бабка подавала ему газету и, присаживаясь рядом, просила:

— Почитай что-нибудь из газеты, Борюшка: кто живёт, а кто мается на белом свете.

— «Почитай»! — ворчал Борька. — Сама не маленькая!

— Да что ж, коли не умею я.

Борька засовывал руки в карманы и становился похожим на отца.

— Ленишься! Сколько я тебя учил? Давай тетрадку!

Бабка доставала из сундука тетрадку, карандаш, очки.

— Да зачем тебе очки? Всё равно ты буквы не знаешь.

— Всё как-то явственней в них, Борюшка.

Начинался урок. Бабка старательно выводила буквы — «ш» и «т» не давались ей никак.

— Опять лишнюю палку приставила! — сердился Борька.

— Ох! — пугалась бабка. — Не сосчитаю никак.

— Хорошо, ты при советской власти живёшь, а то в царское время знаешь как тебя драли бы за это? Моё почтение!

— Верно, верно, Борюшка. Бог — судья, солдат — свидетель. Жаловаться было некому.

Со двора доносился визг ребят.

— Давай пальто, бабка, скорей, некогда мне!

Бабка опять оставалась одна. Поправив на носу очки, она осторожно развёртывала газету, подходила к окну и долго, мучительно вглядывалась в чёрные строки. Буквы, как жучки, то расползались перед глазами, то, натыкаясь друг на дружку, сбивались в кучу. Неожиданно выпрыгивала откуда-то знакомая трудная буква. Бабка поспешно зажимала её толстым пальцем и торопилась к столу.

— Три палки... три палки, — радовалась она.

* * *

Досаждали бабке забавы внука. То летали по комнате белые, как голуби, вырезанные из бумаги самолёты. Описав под потолком круг, они застревали в маслёнке, падали на бабкину голову. То являлся Борька с новой игрой — в «чеканочку». Завязав в тряпочку пятак, он бешено прыгал по комнате, подбрасывая его ногой. При этом, охваченный азартом игры, он натыкался на все окружающие предметы. А бабка бегала за ним и растерянно повторяла:

— Батюшки, батюшки... Да что же это за игра такая? Да ведь ты всё в доме переколотишь!

— Бабка, не мешай! — задыхался Борька.

— Да ногами-то зачем, голубчик? Руками-то безопасней ведь.

— Отстань, бабка! Что ты понимаешь? Ногами надо.

* * *

Пришёл к Борьке товарищ. Товарищ сказал:

— Здравствуйте, бабушка!

Борька весело подтолкнул его локтем:

— Идём, идём! Можешь с ней не здороваться. Она у нас старая старушенция.

Бабка одёрнула кофту, поправила платок и тихо пошевелила губами:

— Обидеть — что ударить, приласкать — надо слова искать.

А в соседней комнате товарищ говорил Борьке:

— А с нашей бабушкой всегда здороваются. И свои, и чужие. Она у нас главная.

— Как это — главная? — заинтересовался Борька.

— Ну, старенькая... всех вырастила. Её нельзя обижать. А что же ты со своей-то так? Смотри, отец взгреет за это.

— Не взгреет! — нахмурился Борька. — Он сам с ней не здоровается.

Товарищ покачал головой.

— Чудно! Теперь старых все уважают. Советская власть знаешь как за них заступается. Вот у одних в нашем дворе старичку плохо жилось, так ему теперь они платят. Суд постановил. А стыдно-то как перед всеми, жуть!

— Да мы свою бабку не обижаем, — покраснел Борька. — Она у нас... сыта и здрава.

Прощаясь с товарищем, Борька задержал его у дверей.

— Бабка, — нетерпеливо крикнул он, — иди сюда!

— Иду, иду! — заковыляла из кухни бабка.

— Вот, — сказал товарищу Борька, — попрощайся с моей бабушкой.

После этого разговора Борька часто ни с того ни с сего спрашивал бабку:

— Обижаем мы тебя?

А родителям говорил:

— Наша бабка лучше всех, а живёт хуже всех — никто о ней на заботится.

Мать удивлялась, а отец сердился:

— Кто это тебя научил родителей осуждать? Смотри у меня — мал ещё!

И, разволновавшись, набрасывался на бабку:

— Вы, что ли, мамаша, ребёнка учите? Если недовольны нами, могли бы сами сказать.

Бабка, мягко улыбаясь, качала головой:

— Не я учу — жизнь учит. А вам бы, глупые, радоваться надо. Для вас сын растёт! Я своё отжила на свете, а ваша старость впереди. Что убьёте, то не вернёте.

* * *

Перед праздником возилась бабка до полуночи в кухне. Гладила, чистила, пекла. Утром поздравляла домашних, подавала чистое глаженое бельё, дарила носки, шарфы, платочки.

Отец, примеряя носки, кряхтел от удовольствия.

— Угодили вы мне, мамаша! Очень хорошо, спасибо вам, мамаша!

Борька удивлялся:

— Когда это ты навязала, бабка? Ведь у тебя глаза старые — ещё ослепнешь!

Бабка улыбалась морщинистым лицом.

Около носа у неё была большая бородавка. Борьку эта бородавка забавляла.

— Какой петух тебя клюнул? — смеялся он.

— Да вот выросла, что поделаешь!

Борьку вообще интересовало бабкино лицо.

Были на этом лице разные морщины: глубокие, мелкие, тонкие, как ниточки, и широкие, вырытые годами.

— Чего это ты такая разрисованная? Старая очень? — спрашивал он.

Бабка задумывалась.

— По морщинам, голубчик, жизнь человеческую, как по книге, можно читать.

— Как же это? Маршрут, что ли?

— Какой маршрут? Просто горе и нужда здесь расписались. Детей хоронила, плакала — ложились на лицо морщины. Нужду терпела, билась — опять морщины. Мужа на войне убили — много слёз было, много и морщин осталось. Большой дождь и тот в земле ямки роет.

Слушал Борька и со страхом глядел в зеркало: мало ли он поревел в своей жизни — неужели всё лицо такими нитками затянется?

— Иди ты, бабка! — ворчал он. — Наговоришь всегда глупостей...

* * *

Когда в доме бывали гости, наряжалась бабка в чистую ситцевую кофту, белую с красными полосками, и чинно сидела за столом. При этом следила она в оба глаза за Борькой, а тот, делая ей гримасы, таскал со стола конфеты.

У бабки лицо покрывалось пятнами, но сказать при гостях она не могла.

Подавали на стол дочь и зять и делали вид, что мамаша занимает в доме почётное место, чтобы люди плохого не сказали. Зато после ухода гостей бабке доставалось за всё: и за почётное место, и за Борькины конфеты.

— Я вам, мамаша, не мальчик, чтобы за столом подавать, — сердился Борькин отец.

— И если уж сидите, мамаша, сложа руки, то хоть за мальчишкой приглядели бы: ведь все конфеты потаскал! — добавляла мать.

— Да что же я с ним сделаю-то, милые мои, когда он при гостях вольным делается? Что спил, что съел — царь коленом не выдавит, — плакалась бабка.

В Борьке шевелилось раздражение против родителей, и он думал про себя: «Вот будете старыми, я вам покажу тогда!»

* * *

Была у бабки заветная шкатулка с двумя замками, никто из домашних не интересовался этой шкатулкой. И дочь, и зять хорошо знали, что денег у бабки нет. Прятала в ней бабка какие-то вещицы «на смерть». Борьку одолевало любопытство.

— Что у тебя там, бабка?

— Вот помру — всё ваше будет! — сердилась она. — Оставь ты меня в покое, не лезу я к твоим-то вещам!

Раз Борька застал бабку спящей в кресле. Он открыл сундук, взял шкатулку и заперся в своей комнате. Бабка проснулась, увидала открытый сундук, охнула и припала к двери.

Борька дразнился, гремя замками:

— Всё равно открою!..

Бабка заплакала, отошла в свой угол, легла на сундук. Тогда Борька испугался, открыл дверь, бросил ей шкатулку и убежал.

— Всё равно возьму у тебя, мне как раз такая нужна, — дразнился он потом.

* * *

За последнее время бабка вдруг сгорбилась, спина у неё стала круглая, ходила она тише и всё присаживалась.

— В землю врастает, — шутил отец.

— Не смейся ты над старым человеком, — обижалась мать.

А бабке в кухне говорила:

— Что это вы, мама, как черепаха, по комнате двигаетесь? Пошлёшь вас за чем-нибудь и назад не дождёшься.

* * *

Умерла бабка перед майским праздником. Умерла одна, сидя в кресле с вязаньем в руках. Лежал на коленях недоконченный носок, на полу — клубок ниток. Ждала, видно, Борьку. Стоял на столе готовый прибор. Но обедать Борька не стал. Он долго глядел на мёртвую бабку и вдруг опрометью бросился из комнаты. Бегал по улицам и боялся вернуться домой. А когда осторожно открыл дверь, отец и мать были уже дома.

Бабка, наряженная, как для гостей, — в белой кофте с красными полосками, лежала на столе. Мать плакала, а отец вполголоса утешал её:

— Что же делать? Пожила, и довольно. Мы её не обижали, терпели и неудобства, и расход.

В комнату набились соседи. Борька стоял у бабки в ногах и с любопытством рассматривал её. Лицо у бабки было обыкновенное, только бородавка побелела, а морщин стало меньше.

Ночью Борьке было страшно: он боялся, что бабка слезет со стола и подойдёт к его постели. «Хоть бы унесли её скорее!» — думал он.

На другой день бабку схоронили. Когда шли на кладбище, Борька беспокоился, что уронят гроб, а когда заглянул в глубокую яму, то поспешно спрятался за спину отца. Домой шли медленно. Провожали соседи. Борька забежал вперёд, открыл свою дверь и на цыпочках прошёл мимо бабкиного кресла. Тяжёлый сундук, обитый железом, выпирал на середину комнаты, тёплое лоскутное одеяло и подушка были сложены в углу. Борька постоял у окна, поковырял пальцем прошлогоднюю замазку и открыл дверь в кухню. Под умывальником отец, засучив рукава, мыл галоши, вода затекала на подкладку, брызгала на стены. Мать гремела посудой. Борька вышел на лестницу, сел на перила и съехал вниз. Вернувшись со двора, он застал мать сидящей перед раскрытым сундуком. На полу была свалена всякая рухлядь. Пахло залежавшимися вещами.

Мать вынула смятый рыжий башмачок и осторожно расправила его пальцами.

— Мой ещё, — сказала она. И низко наклонилась над сундуком. — Мой...

На самом дне загремела шкатулка. Борька присел на корточки. Отец потрепал его по плечу:

— Ну что же, наследник, разбогатеем сейчас!

Борька искоса взглянул на него:

— Без ключей не открыть, — сказал он и отвернулся.

Ключей долго не могли найти: они были спрятаны в кармане бабкиной кофты. Когда отец встряхнул кофту и ключи со звоном упали на пол, у Борьки отчего-то сжалось сердце.

Шкатулку открыли. Отец вынул тугой свёрток: в нём были тёплые варежки для Борьки, носки для зятя и безрукавка для дочери. За ними следовала вышитая рубашка из старинного выцветшего шёлка — тоже для Борьки. В самом углу лежал пакетик с леденцами, перевязанный красной ленточкой. На пакетике что-то было написано большими печатными буквами. Отец повертел его в руках, прищурился и громко прочёл:

— «Внуку моему Борюшке».

Борька вдруг побледнел, вырвал у него пакет и убежал на улицу. Там, присев у чужих ворот, долго вглядывался он в бабкины каракули: «Внуку моему Борюшке».

В букве «ш» было четыре палочки.

«Не научилась!» — подумал Борька. И вдруг, как живая, встала перед ним бабка — тихая, виноватая, не выучившая урока.

Борька растерянно оглянулся на свой дом и, зажав в руке пакетик, побрёл по улице вдоль чужого длинного забора...

Домой он пришёл поздно вечером; глаза у него распухли от слёз, к коленкам пристала свежая глина.

Бабкин пакетик он положил к себе под подушку и, закрывшись с головой одеялом, подумал: «Не придёт утром бабка!»

✱ Представьте себе: вы готовитесь писать отзыв о рассказе В. Осеевой «Бабка».
1. Сформулируйте тезис вашего отзыва.
2. Назовите доказательства справедливости его.
3. Прочитайте отзыв о рассказе «Бабка» известного писателя А. П. Платонова.

ОТЗЫВ ПИСАТЕЛЯ А. П. ПЛАТОНОВА О РАССКАЗЕ В. ОСЕЕВОЙ «БАБКА».

Рассказ В. Осеевой «Бабка» <...> превосходен по качеству.

В семействе своей дочери живёт старая бабка. Она уже никому не нужна, только одна дочь её ещё любит, но тоже немного: дочь поглощена своими заботами, своей привязанностью к мужу и маленькому сыну Боре. А бабке по-прежнему нужны все люди, особенно те, с кем она живёт в семействе дочери, и даже более прежнего: от старости, от опыта жизни она точно лишается способности плохо относиться к людям, она понимает и любит их всё более сильно и терпеливо. В то время как у домашних происходит нарастание равнодушия, даже презрения к бабке, у бабки нарастает встречное чувство к ним — любви и терпения. Единственной собственностью, единственным достоянием бабки была старая шкатулка. Никто в семействе не знал, что в ней находится. Когда бабка умерла и шкатулку открыли, в ней оказались подарки зятю, дочери и «внуку моему Борюшке». «В букве «ш» было четыре палочки». Внук учил изредка бабку грамоте.

«Не научилась!» — подумал Борька. И вдруг, как живая, встала перед ним бабка — тихая, виноватая, не выучившая урока». На ночь Борька положил бабкин подарок — пакетик с леденцами — «к себе под подушку и, закрывшись с головой одеялом, подумал: «Не придёт утром бабка!»

С большой точностью и проницательностью описаны в рассказе отношения бабки и её внука. Внук лучше понимает и ценит свою бабушку, чем его мать и отец, и в то же время на ребёнке есть уже чёрные тени его родителей.

Приходил к Борьке товарищ. Он говорил: «Здравствуйте, бабушка!» Борька весело подталкивал его локтем: «Идём, идём! Можешь с ней не здороваться. Она у нас старая старушенция...»

Это идёт от отца Борьки, который сам не здоровается с бабкой.

«В соседней комнате товарищ говорил Борьке:

— А с нашей бабушкой всегда здороваются. И свои, и чужие. Она у нас главная».

Борька озадачился, а затем сам говорит родителям такие слова:

«Наша бабка лучше всех, а живёт хуже всех — никто о ней не заботится...»

Это исходит из глубины собственного детского сердца мальчика, которому помогло хорошее влияние товарища.

Рассказ написан с огромной реалистической силой, и фраза в нём нигде не делает никаких собственных «красивых телодвижений», но каждое слово автора служит конечному смыслу и назначению темы, неся на себе работу, а не игру. <...>

✱ 1. Найдите и прочитайте тезис отзыва.
2. Проследите, как доказывается справедливость его.
3. Обратите внимание на то, как А. Платонов, кратко излагая содержание рассказа, выделяет в нём самое главное:

— униженное положение бабки в семье;
— её постоянную и не замечаемую никем помощь всем;
— общение с внуком;
— хорошее влияние на внука его товарища;
— душевное богатство и мудрость бабки.

4. Напишите отзыв только о языке рассказа В. Осеевой «Бабка».
При подготовке проследите, как особенности характера каждого персонажа рассказа проявляются в его языке.

Сведения о художниках.

Лактио́нов Александр Иванович (1910—1972) — русский живописец. Его творческое наследие составляют главным образом портреты и жанровые картины. Лучшая из них — «Письмо с фронта». Она написана в 1947 году в подмосковном городке Загорске[1], где жил тогда художник. Вероятно, поэтому фон картины именно загорский: дворик монастыря со скромным куполом церкви и шпилем колокольни.

Левита́н Исаак Ильич (1860—1900) — выдающийся живописец, мастер реалистического пейзажа. Современники называли его «поэтом русской природы».

На полотнах Левитана — скромная, «застенчивая» природа средней полосы, на многих из них — Волга. И. И. Левитан обладал особой способностью — средствами живописи как бы вызвать у зрителя ощущение звука. Смотришь на его картины — и, кажется, слышишь, как шелестят опавшие листья, кричат чайки, гудит пароход, звенит мартовская капель, мелодично перезванивают колокола. Природа в изображении Левитана неотделима от человека, каждое его полотно проникнуто определённым чувством, окрашено определённым настроением: трагической скорби («Над вечным покоем»), одиночества («Вечерний звон»), безысходной тоски («Владимирка»), лёгкой грусти («Золотая осень»), свет-

---

[1] Загорск вырос около Троице-Сергиевой лавры, теперь ему возвращено старое название — Сергиев Посад.

лой радости («Март», «Свежий ветер. Волга», «Весна. Большая вода»).

Близкий друг Левитана, писатель А. П. Чехов, считал его «лучшим русским пейзажистом». Чехову же принадлежит и выражение, которое стало крылатым, — «левитановская природа».

Маковский Владимир Егорович (1846—1920) — русский живописец-передвижник, брат К. Е. Маковского.

Владимир Егорович создал более 400 картин. В них он увлечённо и доходчиво рассказывал о жизни городской бедноты, интеллигенции, о горестях и бедах простого человека («Посещение бедных», «Вечеринка», «Крах банка» и др.). С глубокой любовью В. Е. Маковский изображал на своих картинах детей: «В мастерской художника», «Игра в бабки», «Ночное» и знаменитое «Свидание». Помните: мать-крестьянка пришла в город, чтобы навестить своего сына-подростка, отданного «в люди», принесла ему в гостинец булку, в которую он, голодный, крепко вцепился зубами...

Художник хотел, чтобы жизнь стала лучше, чтобы вместе с ним о судьбе его героев задумались все, кто их увидит.

Нисский Георгий Григорьевич (1903—1987) — известный русский живописец.

Отец Нисского был железнодорожником, детство будущего художника прошло на железнодорожной станции. И неудивительно, что в юности он мечтал стать машинистом на паровозе: всё время в пути, всё время в движении, всюду побывать, всё увидеть — что может быть интересней!

Однако в жизни получилось так, что Нисский стал не машинистом, а художником. Но и в творчестве он остался верен своей юношеской мечте: тема многих его картин — дорога, движение. Об этом говорят и названия их: «На путях», «Депо», «Пейзаж с маяком», «Синий паровоз», «Подмосковная рокада»[1], «В пути». Широко известны и такие полотна художника, в названии которых темы дороги нет, а по содержанию они тоже о ней, о дороге, о стремительном движении, о преображённой трудом человека земле: «Белорусский пей-

---

[1] *Рокада* — железнодорожные пути и грунтовые дороги в прифронтовой полосе, проходящие параллельно линии фронта.

заж», «Над снегами», «Февраль. Подмосковье», «Подмосковная зима». Разумеется, в творческом наследии Г. Г. Нисского представлены и другие темы. Например, Великая Отечественная война, море, флот, подводники, Волга.

Картина «Радуга» написана в 1950 году.

Остроу́хов Илья Семёнович (1858—1929) — русский живописец-передвижник; современник И. И. Левитана и тоже пейзажист. Больше всего Остроухов, как и Левитан, любил писать раннюю весну и осень, когда краски природы особенно тонки и многообразны, а переходы и переливы их почти неуловимы. Самые известные полотна Остроухова — «Первая зелень», «Сиверко» и «Золотая осень».

Многие годы Илья Семёнович собирал произведения русской живописи, в том числе иконы. И всё это бесценное богатство он передал потом Третьяковской галерее! Поступок, достойный подражания.

Петро́в-Во́дкин Кузьма Сергеевич (1878—1939) — один из самобытных русских художников; широко известна его картина «Купание красного коня». В обширном наследии Петрова-Водкина особое место занимают натюрморты. Один из них — «Утренний натюрморт» (1918). Он построен не по горизонтальной и вертикальной осям, а по наклонным, в результате чего у зрителя возникает ощущение, будто он находится рядом с изображёнными предметами (эффект присутствия). Объёмность запечатленных на полотне очень скромных вещей (восковой фонарик, спички, вазочка с цветами, самовар, стакан) усиливается системой точно увиденных отражений и преломлений.

Пла́стов Аркадий Александрович (1893—1972) — выдающийся русский живописец. Бо́льшую часть жизни провёл в родном селе Прислонихе Ульяновской области. Написанные им пейзажи, жанровые картины, портреты проникнуты глубокой любовью к родной природе, к деревне и её людям. Художник ярко, правдиво изобразил их и в трудовые будни («Сенокос», «На колхозном току», «Ужин трактористов», «Жатва»), и в праздники («Колхозный праздник»), и в дни испытаний («Фашист пролетел»).

Картина «Фашист пролетел» написана в 1942 году.

142

Поле́нов Василий Дмитриевич (1844—1927) — русский живописец, передвижник.

Поленов обладал многогранным талантом: писал исторические, жанровые картины, портреты, декорации к спектаклям и сам организовал народный театр. Но с наибольшей полнотой его дарование раскрылось в произведениях пейзажной живописи. Когда мы произносим имя В. Д. Поленова, то вспоминаем прежде всего такие его полотна, как «Московский дворик», «Бабушкин сад», «Заросший пруд», «Золотая осень».

Картина «Дали. Вид с балкона в Жуковке» написана в 1888 году.

Рома́дин Николай Михайлович (1903—1987) — художник-пейзажист. Он писал родную природу во все времена года, суток, в разных её состояниях. Об этом говорят и названия его картин. Вот только некоторые из них: «Зима», «Весна», «Лето», «Осень», «Зимнее утро», «Весенний день», «Вечер», «Последний луч», «Белая ночь», «Свежий ветер», «Весенний воздух», «Золотые почки»… Причём родной для Николая Михайловича была природа не только средней полосы, но и Севера, калмыцких степей, Кавказа, Поволжья.

Есть у Ромадина и такие картины, которые навеяны народными и литературными сказками: «Река Царевна», «Берендеев лес», «Лесная глушь», «Сон Андерсена».

Пейзажи Ромадина своей необыкновенной лиричностью близки стихам С. Есенина. Не случайно имя этого подлинно русского поэта повторяется в названиях нескольких картин художника: «Детство Есенина», «В родных местах Есенина», «Есенинский вечер».

Н. М. Ромадин — ученик и преемник М. В. Нестерова. На его полотнах, как и в пейзажах Нестерова, «деревца тонкие, воздушные, словно дымок от фитилька задутой свечи, но при этом видны каждая веточка, каждый листочек и даже чуть раскрывшаяся почка».

Рыло́в Аркадий Александрович (1870—1939) — русский живописец-пейзажист. Значительная часть его жизни связана с Вяткой, городом и одноимённой рекой — притоком Камы. Дальние (за 200—300 вёрст!) походы и путешествия на лодках, ночёвки в лесу, у реки, наблюдения за повадками птиц и зверей — вот что увлекало Рылова уже в юности. Не случайно он был отличным гимнастом, прыгуном, пловцом, лыжником, любителем верховой езды.

Без общения с природой Рылов не мыслил своей жизни. Примечательно, что, когда он стал уже известным художником, в его мастерской, даже в разгар суровой зимы, был уголок природы. «На столе в просторной комнате — кусочек леса. В замаскированных камнями и мхом горшках растут берёзки, ёлочки, сосенка, два куста папоротника, стоит ванночка с водой, в которой постоянно плещется любимица хозяина — ручная птица зарянка. В камнях прячется маленькая ящерка, а на разных концах стола две колонии земляных муравьёв — красных и чёрных».

Самые известные его полотна вы, вероятно, знаете: «Зелёный шум» (1904) и «В голубом просторе» (1918). О тематике других картин Рылова говорят названия их: «Рябь», «Красное отражение», «Лесная река», «Гремящая река», «Смельчаки», «Чайка», «Лебеди», «Глушь», «Лесные обитатели», «Медведица с медвежатами».

Толстой Фёдор Петрович (1783—1873) — русский художник. Творческое наследие его многогранно: живопись, графика, скульптура, медали (он автор более двадцати медалей в память Отечественной войны 1812 года). Широко известны натюрморты Ф. П. Толстого «Ягоды красной смородины» (1818), «Букет цветов, бабочка и птичка» (1820).

Шишкин Иван Иванович (1832—1898) — один из крупнейших мастеров русской пейзажной живописи. Всем своим творчеством он прославлял красоту, мощь и богатство родной природы. Большинство полотен И. И. Шишкина посвящено русскому лесу. Об этом говорят их названия: «Сосновый бор», «Лесные дали», «Дорога в лесу», «Дубы», «Лес весной», «Корабельная роща» и многие-многие другие.

Но есть в творческом наследии И. И. Шишкина и такая картина, главный герой которой не лес, а поле. Это — знаменитая «Рожь». Она написана в 1878 году.

Памятки.

1. Как подготовиться к выразительному чтению текста.

1. Внимательно прочитайте текст. Постарайтесь представить то, о чём в нём говорится (в тех случаях, когда это возможно).

2. Определите тему, основную мысль, основной тон высказывания.

3. Подумайте, с какой целью вы будете читать этот текст, в чём будете убеждать своих слушателей.

4. Подчеркните наиболее важные по смыслу слова, то есть слова, на которые падает логическое ударение.

5. Обозначьте паузы.

6. Продумайте, как вы можете использовать другие средства выразительности устной речи, например: темп речи, громкость голоса.

2. Как составлять план текста.

1. Прочитайте текст, выясните значение непонятных слов.

2. Определите тему и основную мысль текста.

3. Разделите текст на смысловые части, озаглавьте их.

4. Напишите черновик плана. Сопоставьте его с текстом. Проследите: всё ли главное нашло отражение в плане; связаны ли пункты плана по смыслу; отражают ли они тему и основную мысль текста.

5. Проверьте, можно ли, руководствуясь этим планом, воспроизвести (пересказать или изложить) текст.

6. Аккуратно перепишите усовершенствованный вариант плана.

3. Как готовиться к изложению (пересказу), близкому к тексту.

1. Внимательно прочитайте текст; выясните значение непонятных слов.

2. Ответьте на вопросы, данные в учебнике или предложенные учителем. В случае затруднения перечитайте соответствующие части текста.

3. Сформулируйте тему и основную мысль текста.

4. Определите, к какому типу речи относится текст.

5. Разделите текст на композиционные и смысловые части согласно данному плану или составьте план самостоятельно.

6. Определите стиль текста. Постарайтесь запомнить хотя бы некоторые особенности языка данного произведения и сохранить их в изложении или пересказе.

7. Прочитайте текст снова, разделяя смысловые части его паузами.

8. Закройте книгу; напишите первый вариант (или черновик) изложения, затем после проверки и исправления перепишите его.

4. Как работать над черновиком изложения и сочинения.

1. Читая черновик про себя, следите, раскрыты ли в нём тема и основная мысль, всё ли изложено последовательно, согласно плану; всеми ли признаками текста обладает ваше сочинение. Во время чтения делайте пометки на полях, затем внесите в черновик необходимые исправления.

2. Прочитайте черновик вслух; прислушайтесь: нет ли в нём речевых ошибок и недочётов.

3. Проверьте, нет ли орфографических и пунктуационных ошибок, исправьте их.

5. Как работать над сочинением.

1. Конкретизируйте тему (если это необходимо) и определите основную мысль сочинения.
2. Подумайте: кого, в чём и как вы будете убеждать своим сочинением.
3. Соберите или отберите необходимый материал.
4. Определите, какой тип речи (повествование, описание, рассуждение) будет основным в вашем сочинении.
5. Подумайте об особенностях стиля сочинения (например, художественный, публицистический и др.).
6. Составьте план.
7. Напишите черновик сочинения, затем после проверки и исправлений (см. памятку 4) перепишите его.

6. Как готовиться к выборочному изложению (пересказу) текста.

1. Прочитайте текст, выясните значение непонятных слов.
2. Вдумайтесь в тему выборочного изложения (пересказа), определите её границы.
3. Внимательно перечитайте текст; выберите то, что относится к теме, сделайте необходимые выписки, закладки в книге.
4. Определите основную мысль изложения (пересказа).
5. Подумайте, какой тип речи (повествование, описание, рассуждение) будет основным в вашем изложении (пересказе).
6. Определите, какой стиль (разговорный, художественный, публицистический, научный, официально-деловой) вы будете использовать.
7. Составьте план. Учтите, что последовательность вопросов в исходном тексте и в выборочном изложении (пересказе) может не совпадать.

8. Продумайте, как лучше связать смысловые части выборочного изложения (пересказа); какие слова, обороты, предложения для этого можно использовать.

9. Напишите черновик выборочного изложения, затем после проверки и исправлений (см. памятку 4) перепишите его.

7. Как готовиться к устному высказыванию.

1. Подумайте, с какой целью вы будете говорить.

2. Определите тему, основную мысль, основной тон вашего высказывания (торжественный, спокойный, возмущённый, критический и т.д.).

3. Соберите или отберите необходимый материал.

4. Решите, какой тип речи будет преобладать в вашем высказывании (повествование, описание, рассуждение). Почему?

5. Определите возможный стиль вашего высказывания (разговорный, публицистический, научный, официально-деловой).

6. Составьте план.

7. Проговорите своё высказывание перед зеркалом, следя за тоном, логическими ударениями, темпом речи, громкостью голоса, жестами, мимикой.

8. Попросите кого-нибудь из друзей послушать вас, учтите их замечания.

9. Используйте магнитофон: прослушивание записи поможет вам усовершенствовать своё высказывание.

8. Как работать над рассказом.

1. Подумайте, о каком случае вы будете рассказывать, насколько он интересен и поучителен.

2. Сформулируйте тему и основную мысль рассказа, озаглавьте его.

3. Отберите необходимый материал из ваших воспоминаний или соберите его из других источников.

4. Повторите схему композиции рассказа (см. с. 42).

5. Конкретизируя схему композиции рассказа, составьте план. Укажите в нём вступление, завязку, кульминацию, развязку, заключение.

6. Обратите внимание на соразмерность частей рассказа. Помните: наиболее полно в нём должно быть показано главное событие.

7. Постарайтесь использовать в рассказе диалог (или отдельные реплики), элементы описания (возможно, рассуждения), причём так, чтобы они помогали полнее представить ход событий и характеры людей, о которых вы говорите.

8. Напишите черновик рассказа, затем после проверки и исправлений (см. памятку 4) перепишите его.

9. Как работать над рассказом по картине.

1. Прочитайте сведения о художнике.

2. Обратите внимание на название картины. Очень часто оно говорит нам о замысле художника, о том, **что** считал он в своей картине самым главным.

3. Рассмотрите картину; вдумайтесь в её содержание (что здесь произошло; почему?).

4. Постарайтесь представить: что было до момента, изображённого художником, что будет после него.

5. Подумайте, кого, в чём и как вы будете убеждать своим рассказом.

6. Сформулируйте тему и основную мысль рассказа; в зависимости от этого озаглавьте его. (Заглавие вашего рассказа и название картины могут не совпадать.)

7. Вспомните композицию рассказа (см. с. 42). Учитывая, что кульминации должен соответствовать момент, изображённый на картине (ведь он — самый важный!), составьте план.

8. Обратите внимание на соразмерность частей рассказа. Помните: главное в нём — содержание картины!

9. Постарайтесь включить в рассказ диалог, элементы описания (обстановки, природы, внешнего вида людей), причём так, чтобы это помогало полнее представить ход событий, характеры героев.

10. Напишите черновик рассказа, затем после проверки и исправлений (см. памятку 4) перепишите его.

10. Как работать над сочинением в жанре интервью.

1. Решите, у кого и почему вы будете брать интервью.
2. Наметьте тему беседы; в соответствии с этим составьте вопросы; продумайте их последовательность.
3. Проведите беседу; запишите её основное содержание.
4. Прочитайте запись; определите основную мысль интервью; озаглавьте его.
5. Напишите вступление и заключительную часть.
6. Прочитайте всё написанное вслух, отредактируйте.
7. Проверьте черновик. Обратите особое внимание на знаки препинания при обращении и диалоге, а также на слова *будущее, благодарю, до свидания.*
8. Аккуратно перепишите сочинение.

Ответы.

К упр. 6. Необходимо: а) указать автора текста; б) восстановить заглавие его; в) восстановить последовательность строк.

Почтальон.

Не стар был этот почтальон,
И не был болен почтальон,
И вот свалился в лужу он.
Свалился в лужу почтальон,
Но сумку вовремя поднял
И над водою удержал.
Сам с головы до ног промок,
А письма от воды сберёг.
Хороший парень почтальон.
Жаль, что свалился в лужу он.

(О. Григорьев.)

К упр. 7. Необходимо восстановить: а) заглавие текста; б) начало его; в) конец. Авторский вариант этих элементов текста следующий.

Извините, я вас люблю.

У каждого отряда в нашем городском лагере — своя любимая игра. У нас, в отряде «Арлекино», — это фанты. Ведущий собирает фанты, и, чтобы получить их обратно, нужно выполнить какое-нибудь смешное задание. <...>

После этого случая она, как только приметит Сашу, всегда спрашивает о его здоровье и курточку принимает без очереди.

(Юля М.)

К упр. 10. Вероятно, И. А. Бунин отдал предпочтение нулевому заглавию потому, что это стихотворение не только о природе, но и о человеке, о том, как постепенно светлеет его настроение.

К упр. 24. Поленов В. Д. «Московский дворик».

К упр. 31. I. Нисский Г. Г. «Над снегами».

К упр. 39. Описание действий. Пример сочинения.

Как я мыла поросёнка Васю.

У моей бабушки есть поросёнок Васька. И я всегда удивляюсь, почему Василий ходит такой грязный, как ему не стыдно!

И вот однажды, когда дома никого не было, я решила искупать поросёнка.

Когда я взяла мыло, щётку, таз с водой, заметила, что Вася подозрительно смотрит на меня. Но вот всё готово.

Я зову грязнулю. А он, вместо того чтобы подойти ко мне, начинает метаться по двору. Я — за ним, он — от меня, я — за ним, он — от меня.

Но вот поросёнок схвачен и запихан в таз с водой. Он отчаянно бьётся и пронзительно визжит, но я не обращаю внимания. Тру ему спину намыленной щёткой.

Вася постепенно утихает. Я вымыла спину и берусь за живот. Поросёнок блаженно похрюкивает. С ногами Васьки мне пришлось туго: они у него маленькие и выскальзывают из моих рук. Ну, ничего: управилась и с ногами.

Ещё раз начисто натёрла Василия щёткой с мылом и окатила его водой. Иди гуляй!

Не прошло и минуты, как мой чистенький, миленький Василий залез опять в грязную лужу, радостно хрюкая!

Пропали мои труды!

(Галя М.)

К упр. 52. Не входят в указанную группу эпитетов: *басовитый, гибкий, дребезжащий, низкий, резкий, сильный, юный.*

К упр. 65. 1) Да, конечно, по тому, что и как они говорят.

Не случайно монолог, диалог и даже отдельные реплики — обязательные компоненты киносценария.

3) Конечно! Например если представить себе, что по этому сценарию будут снимать самостоятельный мини-фильм или кинозарисовку, то в начале закадрового текста уместно хоть несколько

слов сказать о школе. Допустим: «В одном из городов на одной из улиц стоит красивое белое здание. Это — школа. В ней учатся будущие программисты, то есть составители программ для компьютеров. В 7«Б» классе особыми успехами по всем предметам выделяется Сергей Сыроежкин. Сейчас в 7«Б» — урок русского языка».

Текст звучит на фоне изобразительного ряда: общий вид города; улицы; школы; кабинеты, оснащённые всевозможными техническими средствами обучения; ведь это — школа Будущего.

К упр. 70. В одном из классов, где повесть «Сигнальщики и Горнисты» обсуждалась при подготовке написания отзыва о ней, мнения ребят в оценке иллюстрации В. Терещенко разделились.

Одним она не понравилась («какая-то вся в углах», «ничего не поймёшь» и т. п.); другие, напротив, сочли её удачной, потому что «в ней показано всё главное из книги».

В самом деле! Смотрим мы на иллюстрацию — и перед нами встают все герои повести, все её символы-образы. Это и обобщённый образ молодого поколения предвоенной поры, с которым кровными узами связаны судьбы всех других героев повести; это и мама Пети с «боеприпасами»-лекарствами; это и сам Петя с картиной в руке, это и Валька Гнедков, «сын своего отца», предателя и труса, во всём новом, ультрамодном; левая рука — в кармане, правой держит у глаз театральный бинокль (ни у кого из ребят бинокля нет, а у него есть!); одной ногой Валька опирается на волейбольный мяч (ни у кого из ребят такого мяча нет, а у него есть!); губы — в самодовольно-презрительной улыбке... Противный тип! Что и говорить.

Здесь же, на иллюстрации, — письма ребят Тане Ткачук, письма, в которых они «обещали пожертвовать ради неё жизнью»; символы военного быта: репродуктор «чёрная тарелка», керосиновая лампа. И стена дома, в котором жили и живут герои повести, нарисована так, что кажется обелиском.

Одним словом, художнику удалось сказать в этой иллюстрации очень многое, важное для понимания повести. И она, на наш взгляд, заслуживает одобрения. Однако нельзя не согласиться с пожеланием, высказанным одной ученицей: художнику надо было найти в иллюстрации место и для Екатерины Ильиничны; без этого образа содержание повести немыслимо.

К упр. 75. Басни И. А. Крылова «Лисица и Виноград»; «Ворона и Лисица»; «Осёл и Соловей»; «Кукушка и петух»; «Волк и Ягнёнок»; «Свинья под Дубом»; «Зеркало и Обезьяна».

К упр. 102. Опущены слова: *спят, о весне; раз в году; земли.*

К упр. 103. В стихотворении «Комары» предложения связаны при помощи и лексических средств (лексический повтор *...комаров. — Комары*), и морфологических (противительный союз *же*). В стихотворении «Кенгурята» предложения связаны при помощи морфологических средств (противительный союз *а*) и лексических (текстовые синонимы *...детвору — ребятки-кенгурятки*).

К упр. 108. В авторском тексте (О. Григорьев) — союз *словно*. Выбор этого союза обусловлен законами благозвучия.

К упр. 116. II. Один из возможных вариантов текста.

Цветок гороха **похож** на лодку с парусом. Верхний лепесток его — как парус, два нижних сросшихся **напоминают** лодочку, два боковых — как будто два весла.

(Н. Надеждина.)

Текст представляет собою развёрнутое сравнение: смысл первого предложения развёртывается следующим (сложным бессоюзным). Лексические средства сравнения — слова *похож, напоминают*; морфологические — союзы *как, как будто*. Заглавия текста нет, но оно возможно: *Цветок гороха.*

УКАЗАТЕЛЬ.

ОГЛАВЛЕНИЕ

Учебное издание

Никитина Екатерина Ивановна

РУССКАЯ РЕЧЬ
РАЗВИТИЕ РЕЧИ

7 класс

Учебник
для общеобразовательных учреждений

Ответственный редактор *В. Л. Склярова*
Художественный редактор *Л. Д. Андреев*
Оформление *Л. Д. Андреев*
Технический редактор *Н. И. Герасимова*
Компьютерная верстка *С. Л. Мамедова*
Корректор *Т. К. Остроумова*

Изд. лиц. № 061622 от 07.10.97.

Подписано в печать 15.02.01. Формат 60x90^1/$_{16}$.
Бумага типографская. Гарнитура «Школьная».
Печать офсетная. Усл. печ. л. 10,0+1,0 вкл.
Тираж 50 000 экз. Заказ 4110023.

ООО «Дрофа».
127018, Москва, Сущевский вал, 49.

По вопросам приобретения продукции
издательства «Дрофа» обращаться по адресу:
127018, Москва, Сущевский вал, 49.
Тел.: (095) 795-05-50, 795-05-51. Факс: (095) 795-05-52.

Торговый дом «Школьник».
109172, Москва, ул. Малые Каменщики, д. 6, стр. 1А.
Тел.: (095) 911-70-24, 912-15-16, 912-45-76.

Отпечатано с готовых диапозитивов
в ГИПП «Нижполиграф».
603006, Нижний Новгород, ул. Варварская, 32.

Учительская страничка